Leckzapfen
Weingut Kratz
Osthofen
Leckzapfen

Jörg Koch

Rheinhessen

55 Highlights aus der **Geschichte**

Menschen, Orte und Ereignisse, die unsere Region bis heute prägen

Für Renate Knierim

SUTTON

Inhalt

Einleitung

Klein, aber fein" – dieser Ausdruck trifft auch auf Rheinhessen zu, denn im Vergleich zu anderen Regionen des Bundeslandes Rheinland-Pfalz, etwa zum Westerwald (3.000 Quadratkilometer), zur Eifel (5.300 Quadratkilometer) oder zur Pfalz (5.500 Quadratkilometer) ist das am Rhein, zwischen Bingen, Mainz und Worms gelegene Rheinhessen mit rund 1.400 Quadratkilometern flächenmäßig überschaubar. Doch kaum eine andere Region in Deutschland verfügt über eine so reiche Kulturlandschaft von der Frühgeschichte bis in die jüngste Vergangenheit. Schon in vorchristlicher Zeit siedelten hier in der Rheinebene die Kelten, dann kamen die Römer, zwar als Besatzungsmacht, aber auch mit viel Kultur und vor allem mit Wein im Gepäck. Im Mittelalter regierten die Salier und Staufer über dieses Gebiet, das mit über 30 Territorien wie kaum ein anderer Landstrich sehr zersplittert war. Teile gehörten zur mächtigen Kurpfalz oder zur bedeutenden Grafschaft Sponheim, unterstanden dem politisch und kirchengeschichtlich führenden Mainzer Erzbistum oder waren, wie die Stadt Worms, eine Freie Reichstadt.

Rheinhessen ist zwar das waldärmste Gebiet Deutschlands, dafür mit rund 26.600 Hektar Rebfläche das größte Weinanbaugebiet der Republik; bereits seit 2.000 Jahren wird Weinanbau am Rhein betrieben. In der hügeligen Region gedeihen dank der geologischen Vielfalt und milder Temperaturen Spitzengewächse. Hochdekorierte Weingüter, aber auch überregional bekannte Weinfeste wie das Backfischfest (Worms), das Rotweinfest (Ingelheim), das Traubenblütenfest (Westhofen), das Winzerfest (Alzey) oder das Kellerwegfest (Guntersblum) zeugen von der Qualität eines reichhaltigen Sortenspektrums, aber auch davon, wie sehr der Wein als Genuss- und Kulturgut den Alltag der Rheinhessen prägt.

Den Namen Rheinhessen erhielt das linksrheinische Gebiet aufgrund seiner Zugehörigkeit zu Hessen: Mit der territorialen Neuordnung Europas auf dem Wiener Kongress 1815 wurde dem in Darmstadt residierenden Großherzog Ludwig I. von Hessen als Entschädigung für das an Preußen abgetretene Herzogtum Westfalen eine Fläche zugesprochen, die ab Juli 1816 als Provinz Rheinhessen Bestandteil des Großherzogtums Hessen-Darmstadt war. Mainz erhielt den Status einer Provinzhauptstadt. Nach dem Untergang der Monarchie 1918 gehörte die Provinz zum neu gegründeten Volksstaat Hessen, nach dem Zweiten Weltkrieg war sie Teil der französischen Besatzungszone und ab 1946 – bis zur Auflösung dieser politischen Institutionen im Jahre 2000 – Regierungsbezirk des neu geschaffenen Bundeslandes Rheinland-Pfalz.

Die Bedeutung Rheinhessens, einer der wärmsten und trockensten Regionen Deutschlands, liegt in seiner Geschichte. Das römische Theater in Mainz, die Reste der karolingischen Pfalz in Ingelheim, die romanischen Dome zu Mainz und Worms, die gotische Katharinenkirche in Oppenheim oder der älteste Judenfried-

Idyllischer Rastplatz mit Kelter und Rosenstöcken am Wegesrand zwischen Westhofen und Eppelsheim.

hof Europas in Worms sind noch heute sichtbarer Ausdruck einer jahrhundertealten Kultur.

Aber auch kleine Gemeinden auf dem Land bieten manche Überraschung: die steinzeitlichen Gräberfelder bei Flomborn, fränkische Fürstengräber in Flonheim, der spätromanische Chor des ehemaligen Augustiner-Chorherrenstifts in Pfaffen-Schwabenheim, die romanische Pfeilerbasilika in Bechtheim oder der romantisch wirkende alte Friedhof in Mettenheim mit Grabsteinen aus der Biedermeierzeit. Hinzu kommt eine reizvolle Landschaft, die nicht nur aus Reben besteht, sondern die auch von sanften Hügeln, verwunschenen Hohlwegen, Mühlen auf sattgrünen Wiesen, zahlreichen Weihern und am Rhein von naturbelassenen Flussauen geprägt ist. Doch nicht nur die Sehenswürdigkeiten von internationalem Rang und der traditionsreiche Exportschlager Wein haben Rheinhessen weltweit bekannt gemacht, vergleichbares Ansehen genießen auch einige der hier aufgewachsenen Autoren wie Stefan George, Anna Seghers oder Carl Zuckmayer.

Die folgenden 55 Kapitel stellen einen repräsentativen Ausschnitt dieser reichhaltigen Geschichte Rheinhessens dar. Dem aufmerksamen Leser wünsche ich eine unterhaltsame Lektüre voller Entdeckungen und Überraschungen.

Jörg Koch

1 Ein unüberschaubares Rebenmeer
Das Weinparadies Rheinhessen

Rheinhessen hat viele Superlative zu bieten, auch diesen: Unsere Region ist das größte Weinanbaugebiet Deutschlands. Hier wachsen seit der Römerzeit die besten und bekanntesten Weine. Auf einer Fläche von rund 26.600 Hektar sollen in 131 Gemeinden mit 434 Einzellagen mehr als 120 Millionen Rebstöcke stehen, die von rund 6.000 Winzern gepflegt werden. Das heißt, dass ein Fünftel der Gesamtfläche Rheinhessens mit Weinstöcken bepflanzt ist; nur fünf Gemeinden betreiben keinen eigenen Weinanbau.

Der Weinanbau in unserer regenarmen, sonnenverwöhnten, milden Region hat eine jahrhundertelange Tradition, doch das heutige Weinland Rheinhessen entstand erst ab Mitte der 1960er-Jahre, als vor allem im Wonnegau zahlreiche Ackerflächen und Rübenfelder zu Rebflächen umgewandelt wurden, so dass der Weinbau heute rund 50 Prozent der gesamten landwirtschaftlichen Nutzfläche einnimmt. Die größten rheinhessischen Anbaugebiete befinden sich im südlichen Teil (Worms, Westhofen, Alzey) und in Rheinnähe (Nierstein, Alsheim). Mit rund 70 Prozent an der Gesamtfläche dominieren die weißen Rebsorten, nur in und um Ingelheim überwiegt der Rotweinanbau, daher wird die Stadt am Rhein gerne auch „Rotweinstadt“ genannt. Die gesamte Region bietet eine unglaubliche Vielfalt an Rebsorten: Offiziell zugelassen sind 56 weiße und 26 rote Sorten. Zu den bekanntesten Sorten gehören Riesling, Müller-Thurgau, Silvaner, Chardonnay, Weiß- und Grauburgunder, Gewürztraminer oder Scheurebe, eine von Georg Scheu (1879–1949), dem langjährigen Leiter der Landesanstalt für Rebenzüchtung in Alzey, gezüchtete und nach ihm benannte Rebsorte. Doch auch seltene Sorten mit so wohlklingenden Namen wie Albalonga, Juwel, Phoenix oder Siegerrebe sind hie und da zu finden. Zu den häufigen Rotweinsorten zählen Dornfelder, Portugieser, Spätburgunder oder Merlot, aber auch Domina, eine Neuzüchtung aus den Sorten Blauer Portugieser und Spätburgunder.

Dank der guten Voraussetzungen – der Sand-, Lehm-, Mergel-, Muschelkalk- oder Tonböden sowie des mediterranen Klimas – stimmt auch die Qualität, viele Rheinhessen müssen sich nicht hinter den Erzeugnissen aus Bordeaux oder der Toskana verstecken. Der überregionale gute Ruf des teils hochdekorierten Weins ist vor allem der heutigen Winzer-Generation zu verdanken, die auf Qualität und nicht (mehr) auf Quantität setzt.

Insgesamt wird Jahr für Jahr die unvorstellbare Menge von rund 2,5 Millionen Hektolitern erzeugt. Die meisten Winzer, von denen einige ihren Betrieb im Nebenerwerb führen, vermarkten ihre Produkte direkt ab Hof, andere beliefern die Winzergenossenschaften. Zu den in aller Welt bekannten Großlagen gehören „Sankt Rochuskapelle“ bei Bingen, „Krötenbrunnen“, „Gutes Domtal“ und „Rheinblick“ im Bereich Nierstein oder

Weinberge, so weit das Auge reicht, hier bei Eppelsheim, im Hintergrund der Odenwald.

im Wonnegau „Bergkloster", „Pilgerpfad" und „Liebfrauenmorgen".

Mit der „Niersteiner Glöck" befindet sich in Nierstein die älteste urkundlich belegte Weinberglage Deutschlands (742), weltberühmt ist das „Liebfrauenstift Kirchenstück", eine kleine, aber traditionsreiche Lage um die Wormser Liebfrauenkirche und nicht zu verwechseln mit der legendären „Liebfrauenmilch" – unter dieser Bezeichnung werden auch Weißweine aus den benachbarten Regionen Pfalz, Nahe, Rheingau weltweit als Massenwein vermarktet.

Zahlreiche Winzer verfügen über eine eigene Weinstube, manche bieten auch Übernachtungen an, und im Sommer und Herbst, wenn der Schoppen unter alten Kastanienbäumen am besten schmeckt, öffnen sie ihre Straußwirtschaften („wo's Sträußche hängt, werd ausgeschenkt").

Eine Besonderheit ist ebenso der Winzersekt, der durchaus mit einem echten Champagner konkurrieren kann.

Wo so viel Wein angebaut und getrunken wird, wird auch gerne gefeiert. In jeder Weinbaugemeinde findet während des Sommers mindestens ein Weinfest statt, freudig begrüßt wird stets der Neue Wein, Federweißer genannt. Viel wurde über den Wein und unter dessen Einfluss geschrieben und gesungen; er ist ein uraltes Kulturgut, das jedes Jahr frisch auf den Tisch kommt und neu entdeckt werden will. Wer mehr über das unerschöpfliche Thema wissen möchte, dem sei ein Besuch des 1980 eröffneten Deutschen Weinbaumuseums in Oppenheim empfohlen, das nicht nur anschaulich über Rheinhessen, sondern auch über die weiteren zwölf Weinanbaugebiete Deutschlands informiert.

2 Mit den Römern kam die Kultur
Die Romanisierung Rheinhessens

Die fast ein halbes Jahrtausend dauernde römische Präsenz im Gebiet des heutigen Südwestdeutschlands begann mit Roms Eroberungspolitik im Jahr 58 v. Chr., die bis 70 n. Chr. währte. Bis zur Mitte des dritten Jahrhunderts folgte eine lange Zeit des Friedens, bis die Epoche der Abwehrkämpfe das Ende der römischen Vormacht in Gallien um 450 einleitete. Diese Jahrhunderte haben die Region zwischen Rhein und Mosel nachhaltig geprägt, daran erinnern noch heute zahlreiche römische Relikte.

Mainz, lateinisch Mogontiacum, wurde um 13 v. Chr. als Legionslager des römischen Heerführers Drusus errichtet, gegen Ende des ersten Jahrhunderts war dieser strategisch günstig gelegene Militärstandort gegenüber der Mainmündung Hauptstadt der neu geschaffenen Provinz Germania superior. Nun begann die Blütezeit der Stadt, die bis zum Fall des Limes um 260 dauerte. Aus dieser Epoche stammen die „Römersteine", Überreste eines Aquädukts, im Zahlbachtal, der rund 20 Meter hohe Drususstein auf der Zitadelle, die Jupitersäule, die als Nachbildung vor dem Landtag steht, oder das Heiligtum der Isis und Mater Magna, das bei Bauarbeiten 1999 entdeckt und dann im Untergeschoss der „Römerpassage" sichtbar gemacht wurde.

Am eindrucksvollsten jedoch ist das oberhalb des Haltepunkts Mainz-Süd ab 1997 freigelegte Theater, das auf einem Vorgängerbau um 310 n. Chr. errichtet wurde und einst Platz für 10.000 Zuschauer bot und damit das größte römische Bühnentheater nördlich der Alpen war. Entdeckt wurde das spätantike Theater beim Bau des früheren Südbahnhofs (1884) und bei späteren Kanalbauarbeiten (1914), eine erste archäologische Grabung fand 1916 statt. Die Bühnenwand war einst 42 Meter breit und 30 Meter hoch, der Zuschauerraum hatte einen Durchmesser von 116 Metern. Die Sitzreihen des in den Hang gebauten Zuschauerhalbrunds reichten bis zur Höhe des Kreuzes der heutigen Lutherkirche. Erhalten haben sich imposante Überreste von Gewölbegängen sowie Pfeiler und Mauern, die einst den Unterbau der steil ansteigenden Sitzreihen bildeten. Seit Dezember 2006 heißt die Station südlich des Mainzer Hauptbahnhofs Mainz-Römisches Theater.

Das römische Mainz ist mit zahlreichen Originalexponaten und Rekonstruktionen zu entdecken im 1852 eröffneten Römisch-Germanischen Zentralmuseum oder im Museum für Antike Schifffahrt, die anschauliche Einblicke in eine beachtliche Hochkultur bieten. Doch Spuren römischer Vergangenheit kamen, oftmals als Zufallsfunde, in ganz Rheinhessen zum Vorschein, so Mauerreste einer „villa rustica" bei Albig samt Münzen, Gefäßscheiben und Ziegeln. Gutshöfe dieser Art standen einst auch bei Drais, Dautenheim oder Büdesheim, in Essenheim fand man bei

Überreste des römischen Theaters oberhalb der Bahnstation Mainz-Römisches Theater.

Rodungsarbeiten 1980 einen Sarkophag und in Weisenau Gräber.

Ein weiteres wichtiges Kastell befand sich in Worms. Zwar mangelt es hier, vom Rest einer Stadtmauer abgesehen, an baulichen Überresten, doch die Römische Abteilung des Städtischen Museums enthält eine der größten Sammlungen zur römischen Geschichte in Deutschland; besondere Schmuckstücke sind die feinen Gläser und originellen Gesichtskrüge.

Auch in anderen Orten ist diese Epoche präsent: Die einst in der Mitte des 11. Jahrhunderts erbaute Drususbrücke bei Bingen erinnert an Drusus, den vor rund 2.000 Jahren für diese Region entscheidenden Feldherrn und Schwiegersohn von Kaiser Augustus. Das Alzeyer „Gymnasium am Römerkastell" leitet seinen Namen von einem ehemaligen Kastell ab, ebenso der einst zu Mainz, heute zu Wiesbaden gehörende Stadtteil Mainz-Kastel; hier errichteten die neuen Herren Mitte des ersten Jahrhunderts zunächst mit einer Holzbrücke, wenige Jahre später mit einer Steinpfeilerbrücke die erste befestigte Rheinüberquerung.

Da die Römer in ihrer neuen Provinz so komfortabel leben wollten wie in ihrer Heimat, ließen sie von dort die Architekten und Handwerker kommen, die die römische Kultur hier etablierten. Zwar fanden sie in der fruchtbaren Rheingegend eine schon wirtschaftlich gut entwickelte Region vor, doch mit beheizbaren Häusern aus Stein, mit Bädern, Wasserleitungen, Brücken und gepflasterten Straßen ließen sie auch die einheimische Bevölkerung zumindest im Ansatz teilhaben an den Errungenschaften ihrer Lebensweise. Spätere Generationen konnten auf dieser wirtschaftlichen und kulturellen Blütezeit aufbauen. Abgesehen von den baulichen Überresten haben die Rheinhessen den Römern den Weinanbau zu verdanken, auch wachsen hier, dank des milden Klimas, die aus dem Süden mitgebrachten Feigen und Mandeln.

3 Weihnachten in Ingelheim
Die Kaiserpfalz Karls des Großen

In Frankreich wird er Charlemagne genannt, in Deutschland Karl der Große, als „Vater Europas“ ging er in die Geschichtsbücher ein: der 747 geborene Karl, der 768 im nordfranzösischen Soissons zum fränkischen König gesalbt und schließlich an Weihnachten 800 in Rom zum römisch-deutschen Kaiser gekrönt wurde. Er herrschte über ein Riesenreich, aus dem unter seinen Enkeln ab der Mitte des 9. Jahrhunderts das spätere Frankreich und das spätere Deutschland hervorgingen.

Zu seinen bevorzugten Aufenthaltsorten gehörten Worms und Ingelheim, zwei königliche Residenzen, die im heutigen Rheinhessen liegen. Das Pfalzgebiet in Nieder-Ingelheim wurde ab dem Ende des 19. Jahrhunderts Schritt für Schritt wissenschaftlich untersucht, gesichert und instand gesetzt. Eindrucksvolle Reste wie die Aula Regia (Königshalle) oder das Heidesheimer Tor, dazu Bodenmarkierungen vermitteln einen anschaulichen Eindruck einer karolingischen Pfalz, die darüber hinaus aus Wohn- und Wirtschaftsgebäuden und der Pfalzkapelle bestand. In der einst repräsentativen Residenz hielt sich ihr Bauherr Karl der Große erstmals 774 auf, mehrfach verbrachte er hier mit seiner Familie und seinem Gefolge Weihnachten, einen letzten Hoftag in Ingelheim hielt er 807 ab, sieben Jahre vor seinem Tod.

Ludwig der Fromme, Karls 778 geborener Sohn, schätzte ebenfalls den Palast mit Blick auf die Rheinebene. Als König war er zehnmal in Ingelheim: Zu fünf Reichsversammlungen, vier Gesandtschaftsempfängen und einer Synode lud er hierher ein. Unweit der Pfalz verstarb er 840 auf einer nahe gelegenen Rheininsel. Auch spätere Herrscher wie Otto I. (912–973) und seine beiden gleichnamigen Nachfolger oder Kaiser Heinrich III. (1017–1056), der hier 1043 Agnes von Poitou (1025–1077) heiratete, und Friedrich Barbarossa (1122–1190) nutzten im Zeitalter des Reisekönigtums, das noch keine Hauptstadt kannte, den strategisch günstig gelegenen Ort für Hoftage. Urkundlich belegt ist auch ein Aufenthalt Karls IV. (1316–1378) im Jahr 1354, ein Jahr vor seiner Krönung zum römisch-deutschen Kaiser. Zwanzig Jahre später verpfändete Karl IV. Ingelheim an die Kurpfalz, in dessen Besitz das Territorium bis zur Französischen Revolution blieb.

Im Dreißigjährigen Krieg (1618–1648) und dann mehrfach durch französische Truppen zerstört, verfiel auch die aus dem 10. Jahrhundert stammende Saalkirche zu einer Ruine, bis sie erstmals 1803, zuletzt 1965 instand gesetzt bzw. rekonstruiert wurde.

Seit 1998 ist die Ingelheimer Kaiserpfalz ein touristischer Besuchermagnet im Rhein-Main-Gebiet. Ein beschilderter Rundweg führt über das einst 300 × 250 Meter große Gelände und vermittelt anschaulich ein Stück Hochmittelalter. Das Besucherzentrum und das Museum

Eindrucksvolle Überreste der Kaiserpfalz bei Ingelheim, hier ein Blick auf das Heidesheimer Tor.

bei der Kaiserpfalz informieren über die Grabungsgeschichte, bieten ein Modell der Pfalz sowie zahlreiche Funde, u.a. eine hier 1996 gefundene Goldmünze Karls des Großen. Das Museum gibt weiterhin einen Einblick in Leben und Wirken des „größten Sohnes der Stadt“: 1488 wurde in Nieder-Ingelheim Sebastian Münster geboren. Älteren Generationen ist der 1552 in Basel verstorbene Humanist und Kosmograf, dessen umfangreiches Hauptwerk „Cosmographia“ („eine Beschreibung der ganzen Welt mit allem, was darinnen ist“) 1544 erschien, ein Begriff, da er auf der Vorderseite der zwischen 1962 bis 1991 herausgegebenen 100-DM-Banknote abgebildet war.

4 Seit 1.000 Jahren ein Ort für Pilger
Die Basilika zu Bechtheim

Für was mag Bechtheim, zwischen Alzey und Worms gelegen, bekannter sein: für seine 1.000 Jahre alte Basilika oder für seinen guten Wein? Fest steht: Beides lohnt sich, der Besuch der Basilika und die Einkehr in den zum Teil hochdekorierten Weingütern.

Schon an der Mitte der 1970er-Jahre eröffneten Autobahn A 61, die quer durch Rheinhessen, von Bingen bis Worms verläuft, weist seit 2014 ein Schild auf die „Romanische Pfeilerbasilika Bechtheim" hin. Der Besucher mag überrascht sein, in einem Ort von der Größe Bechtheims (rund 1.800 Einwohner) einen solch imposanten Kirchenbau zu finden, der mit den ehemaligen Stiftskirchen im benachbarten Worms und der Katharinenkirche in Oppenheim konkurrieren kann. „Um 1020", so steht geschrieben, ist mit ihrem Bau begonnen worden, damals gehörte die Kirche zum Fürstbistum Lüttich und wurde Lambert von Lüttich (um 635 – um 705) geweiht; der mächtige Turm kam in der ersten Hälfte des 12. Jahrhunderts hinzu. Wie üblich, lassen sich auch hier verschiedene Bauabschnitte erkennen, so stammen die beiden obersten Geschosse aus der Zeit des Wiederaufbaus um 1570, nach einem großen Brand, von dem ganz Bechtheim betroffen war. Die letzte umfassende Außenrenovierung erfolgte zum Jubiläum 2020, seitdem erstrahlt die dreischiffige Basilika in neuem Glanz, von einem idyllischen Park umgeben.

Bechtheim lag an einem alten Pilgerweg (2009 wurde der rheinhessische Jakobsweg von Bingen über Wörrstadt und Bechtheim nach Worms eröffnet und mit einer goldenen Jakobsmuschel im Sternenkranz auf blauem Grund markiert), daher die Größe der Kirche. Einmalig für Rheinhessen ist der einst im Norden und Süden offene Durchgang unter dem Altarbereich. Diese Anlage diente zur Reliquienverehrung, die es den Pilgern ermöglichte, unter den Reliquien hindurchzugehen (ohne das Kircheninnere zu betreten) und sich somit unter den Schutz der Heiligtümer zu stellen. In diesem ehemaligen Prozessionsgang, der ab 1721 für annähernd 200 Jahre das Gemeindearchiv beherbergte, sind noch heute gotische Wandmalereien sichtbar.

Im Jahre 1586 erwarben die in der Vorderpfalz ansässigen Grafen von Leiningen das Patronatsrecht von den Augustiner-Chorherren des Klosters St. Aegidius bei Lüttich, mit dem Einbau großer Spitzbogenfenster auf der Nord- und Südseite veränderten sie erneut die Bausubstanz, und sie führten die Reformation in Bechtheim ein. Ab 1700 fungierte St. Lambertus, wie noch heute einige Kirchen in Rheinhessen (Bechtholsheim, Bermersheim vor der Höhe, Gau-Odernheim, Pfeddersheim, Rheindürkheim), als Simultankirche; 1910 weihte die evangelische Gemeinde ihre Kirche ein.

Ein letzter großer Eingriff in den Bau erfolgte in der Barockzeit 1771/72,

Die um 1020 errichtete Basilika zu Bechtheim – eine der größten Kirchen Rheinhessens.

bei dem der Kirche zwar weder ihr ursprüngliches Aussehen noch ihre alte Ausstattung erhalten blieb, seit dem sie aber als eine der größten romanischen Kirchen Rheinhessens beeindruckt. So manches verborgene Detail im Inneren und auf den Außenmauern gilt es zu entdecken, ebenso innerhalb des alten Dorfes, das von stattlichen Adelshöfen geprägt ist.

Wie in einem Geschichtsbuch reiht sich ein Denkmal ans andere. Bemerkenswert sind der mittelalterliche Prangerstein, die Zehntscheune, der Lambertus- und der Aegidiusbrunnen, begehbare Brunnenanlagen, an denen sich die Pilger von einst reinigen und erfrischen konnten, oder die ehemalige Synagoge von 1855 (heute evangelisches Gemeindehaus) und vieles mehr. Wer diese abwechslungsreiche Entdeckungstour gemeistert hat, der hat sich einen Schluck Bechtheimer Wein verdient – ganz besonders zu empfehlen ist ein fruchtiger Riesling der Lage Bechtheimer Pilgerpfad.

5 Die „Deutsche Prophetin" Hildegard von Bingen

Nur über wenige Frauen, die vor dem Jahr 1800 gelebt haben, wissen wir Genaueres, meist sind es die Gefährtinnen der Könige oder anderer Berühmtheiten. Eine Frau jedoch, die vor rund 925 Jahren geboren wurde und als eigenständige Persönlichkeit in die Geschichtsbücher eingegangen ist, stammt aus unserer Region, wie ihr Beiname unschwer verrät: Hildegard von Bingen.

Im Jahr 1098 als zehntes Kind einer wohlhabenden adeligen Familie in Bermersheim vor der Höhe (im heutigen Landkreis Alzey-Worms) geboren, wurde Hildegard bereits als Achtjährige von ihren Eltern getrennt und zur frommen Erziehung auf die Burg Sponheim gegeben. 1112 siedelte sie in die benediktinische Frauenklause auf dem Klostergelände Disibodenberg (bei Odernheim am Glan) über; dort wurde sie zur Nonne erzogen. Vor Bischof Otto von Bamberg (1060–1139), der damals den Mainzer Bischof vertrat, legte sie die Profess ab. Bereits in jungen Jahren, so überlieferte Hildegard in ihrer Vita, fiel sie ihren Mitschwestern durch Wissbegierde auf: „In meinem achten Jahr aber wurde ich zu geistlichem Leben Gott dargebracht, und bis zu meinem fünfzehnten Jahr war ich jemand, der vieles sah und mehr noch einfältig aussprach, so dass auch die, welche diese Dinge hörten, verwundert fragten, woher sie kämen und von wem sie stammten."

Nach dem Tod ihrer Lehrmeisterin Jutta von Sponheim (1092–1136) wurde Hildegard Vorsteherin der inzwischen zum Kloster ausgebauten Klause auf dem Disibodenberg. Überregional bekannt wurde sie durch ihre Visionen, die sie in ihrem Hauptwerk „Scivias" („Wisse die Wege") veröffentlichte und die sogar von Eugen III., Papst von 1145 bis 1153, wohlwollend zur Kenntnis genommen wurden. Damals als Eingebung einer göttlichen Macht interpretiert, sollen die von Hildegard beschriebenen halluzinatorischen Lichtphänomene jedoch durch eine schwere Migräne ausgelöst worden sein, wie heutige Neurologen vermuten.

Ihre Glaubenslehre verkündete sie öffentlich auf Predigerreisen zu den theologischen Zentren ihrer Zeit, in Köln, Mainz, Bamberg, Trier und Metz, und so wurde sie zu einer faszinierenden Wegweiserin einer philosophischen Weltsicht, die scheinbare Gegensätze wie Leib und Seele, Welt und Kirche, Natur und Kunst miteinander verband. Hildegard scheute nicht die Konfrontation mit den führenden Männern ihrer Zeit, sie korrespondierte mit Papst Eugen III. oder dem Kreuzzugsprediger Bernhard von Clairvaux (1090–1153) und Bischöfen, sogar mit Kaiser Friedrich Barbarossa (1122–1190) soll sie sich als Beraterin in der nahe gelegenen Kaiserpfalz Ingelheim getroffen haben.

Um 1150 gründete die selbstbewusste Äbtissin auf dem Rupertsberg (Bingerbrück) ihr eigenes Kloster, das sich dank Schenkungen zu einer bekannten

1979 brachte die Deutsche Bundespost eine Sonderbriefmarke zu Ehren der Hl. Hildegard von Bingen (1098–1179) heraus.

und vor allem wohlhabenden Gemeinschaft entwickelte, die jedoch bei den Kirchenoberen auch Unmut hervorrief, da Hildegard nur Frauen aus adeligen Familien aufnahm und ein eher luxuriöses Leben zuließ. 1165 gründete sie auf der anderen Rheinseite im leer stehenden Augustinerkloster in Eibingen (oberhalb von Rüdesheim) ein Filialkloster, in dessen Nachfolge sich die heutige, seit 1902 bestehende Abtei St. Hildegard versteht.

Die charismatische und resolute Äbtissin wirkte auf vielen Gebieten, sie verfasste natur- und heilkundliche Bücher, sie komponierte und dichtete, und noch heute wird sie als Vorbild einer zeitgemäßen Klostermedizin, in der Kräuterkunde und als Wegbereiterin einer gesunden Ernährung gesehen. Ihre Musik wird wieder aufgeführt und magenfreundliche Plätzchen nach ihren Rezepten gebacken. Wie präsent die Mystikerin des Hohen Mittelalters in unseren Tagen ist, zeigte auch die Deutsche Bahn, die bis Dezember 2002 einen ICE 924/925 (Frankfurt–Berlin–Frankfurt) nach ihr benannte.

Für ihre Zeit war Hildegard eine außergewöhnliche Persönlichkeit, die „uralt" wurde; sie verstarb 1179 mit 81 Jahren, ihre Reliquien befinden sich in der Wallfahrtskirche St. Hildegard in Eibingen. Schon zu Lebzeiten wie eine Heilige verehrt, gilt sie seit 1584 offiziell als Heilige der römisch-katholischen Kirche, 2012 erhob sie Papst Benedikt XVI. in den Rang einer Kirchenlehrerin.

6 Hauptstadt des mittelalterlichen Deutschlands
Worms und seine Reichstage

Das Heilige Römische Reich Deutscher Nation, also der Herrschaftsbereich der römisch-deutschen Kaiser seit etwa 1000 bis zur Auflösung im Jahr 1806, war – im Gegensatz zu Frankreich oder Großbritannien – kein Nationalstaat, sondern ein übernationaler Verbund von Stammesherzogtümern und zahlreichen Reichsständen. An der Spitze dieses Staatenbundes, den man ein Stück weit mit der heutigen Europäischen Union vergleichen könnte, stand ein von den sieben Kurfürsten des Reiches gewählter König, der in der Regel anschließend vom Papst in Rom zum Kaiser gekrönt wurde.

Der Kaiser repräsentierte dieses Riesenreich, doch die politische Macht musste er sich mit den Kurfürsten und den vielen Territorialherren teilen. Eine Hauptstadt im heutigen Sinne gab es nicht. Über viele Jahrzehnte hinweg erfüllte Worms die Funktion einer solchen Metropole, oft und gerne kamen die Herrscher hierher, um ihre Versammlungen abzuhalten. Schon Karl der Große (747–814) feierte mehrfach Ostern und Weihnachten hier, Otto der Große (912–973) war häufig anwesend, und Kaiser Friedrich II. (1194–1250) heiratete im Wormser Dom (1235).

In der strategisch günstig gelegenen und für Großveranstaltungen leistungsfähigen Stadt fanden während des Mittelalters 44 Reichstage statt. Ein Treffen von reichsweiter und nachhaltiger Bedeutung ist auf den rechtsrheinisch gelegenen Rheinwiesen für September 1122 belegt. Die Beschlüsse, die den jahrelangen „Investiturstreit" beendeten und die die Legaten des Papstes Calixt II. (1065–1124) und die Vertreter König Heinrichs V. (1086–1125) aushandelten, gingen als „Wormser Konkordat" in die Geschichte ein: Nicht mehr der König bzw. Kaiser durfte einen neuen Bischof „mit Ring und Stab" in sein Amt einsetzen, sondern nur noch der Papst. Ein Bischof hatte auch weiterhin sowohl weltliche als auch geistliche Aufgaben, er verwaltete den Besitz der Kirche und bestimmte über die Ausübung des christlichen Glaubens. Die weltlichen Herrschaftsrechte verlieh ihm der König, die geistlichen Aufgaben wurden ihm von der Kirche übertragen. Das „Wormser Konkordat" bedeutete zwar einen Machtverlust für den Herrscher, klärte aber seine bislang umstrittene Rolle in theologischen Angelegenheiten und die Stellung der Bischöfe im damaligen Deutschland.

Ein weiteres wichtiges Zusammentreffen der Großen des Reiches lag im Jahr 1495, als zwischen März und September König Maximilian (1459–1519) und die Reichsstände eine weitreichende Reichsreform beschlossen. Dazu gehörte die Einführung des „Gemeinen Pfennigs", einer allgemeinen Reichssteuer, die von jedem Untertanen ab dem 15. Lebensjahr zu zahlen war. Erfolgreicher als die Durchsetzung dieser Maßnahme waren die Verkündung des Landfriedens, der anstelle des mittelalterlichen

Blick vom Rhein auf das mittelalterliche Worms.

Fehdewesens trat, und die Errichtung eines Kammergerichts, das erstmals geregelte Gerichtsverfahren im Heiligen Römischen Reich Deutscher Nation zuließ. Diese Beschlüsse spiegeln Ansätze einer modernen Rechtsstaatlichkeit wider, das Reichskammergericht kann sogar zu Recht als Vorläufer des heutigen Bundesverfassungsgerichts angesehen werden.

Und schließlich ist jedem der Wormser Reichstag von 1521 bekannt, als Martin Luther (1483–1546), damals noch Augustinermönch, vor dem obersten Herrn des Reiches Rede und Antwort stehen musste. Kaiser Karl V. (1500–1558), seit 1519 Herrscher des Heiligen Römischen Reiches, hatte zu seinem ersten Reichstag gerufen, viele reichspolitisch bedeutsame Reformen sollten entschieden werden; Luther war nur einer von zahlreichen Tagesordnungspunkten. Er sollte seine 1520 verfassten kirchen- und insbesondere papstkritischen Schriften widerrufen. Doch der Angeklagte antwortete gegenüber der mächtigen europäischen Institution: „Daher kann und will ich nichts widerrufen, weil wider das Gewissen etwas zu tun weder sicher noch heilsam ist. Gott helfe mir, Amen!“ Am 8. Mai 1521 verkündete Karl V. das „Wormser Edikt“, das die Reichsacht über Luther verhängte und seine Schriften verbot. Im Rückblick betrachtet, steht Luthers Auftritt in Worms für Selbstverantwortung, individuelle Rechtfertigung und Freiheit des Geistes. In Erinnerung an sein mutiges Auftreten vor dem Kaiser verleiht die Stadt Worms mit 15 weiteren Städten, die sich zum „Bund der Lutherstädte“ zusammengeschlossen haben, seit 1996 alle zwei Jahre den Preis „Das unerschrockene Wort“.

Worms mit damals rund 6.000 Einwohnern erlebte seine Blütezeit um 1500, also zur Zeit der beiden wichtigen Reichstage. Die letzte große Reichsversammlung fand hier 1544 statt, aufgrund des Dreißigjährigen Krieges (1618–1648) und des Pfälzischen Erbfolgekrieges (1689) verlor die Stadt ab dem 17. Jahrhundert an Bedeutung; die Reichstage fanden ab 1594 bis zur Auflösung des Reiches 1806 nur noch in Regensburg statt.

7 Siegfried, Hagen und Kriemhild
Worms – Schauplatz der Nibelungensage

Auch wenn der Stadt Worms die Originalhandschrift des um 1200 entstandenen Nibelungenliedes oder steinerne Zeugnisse des einst hier im 5. Jahrhundert residierenden Königsgeschlechts der Burgunder fehlen – weder Siegfrieds Tarnkappe noch dessen Schwert Balmung oder Brunhilds Gürtel, auch nicht Mosaikreste einer Burgunderburg sind im Nibelungenmuseum zu sehen –, kann sich Worms zu Recht als „Nibelungenstadt" bezeichnen, denn der anonyme Autor hat sein Epos in der alten Stadt am Rhein angesiedelt.

In der ersten Aventiure heißt es:

Viel Wundersames melden uns Mären alter Zeit
Von preisenswerten Helden, von Kampfesmüh und -leid,
Von frohen Festeszeiten, von Weinen und von Klagen,
Von kühner Recken Streiten könnt ihr hier Wunders hören sagen ...

Mit ihrem Hofe saßen sie zu Worms am Rhein.
Stolze Ritter setzten ihre Ehre drein,
Zu dienen dort im Lande all ihres Lebens Zeit.
Sie fanden jammervoll den Tod durch zwei edler Frauen Streit.

Die Stadt war also zunächst eine Nibelungenstadt vom Hörensagen, aber schon im späten Mittelalter machten die Wormser Sagenelemente sichtbar, so die „Riesenknochen" am „Haus zu Münze". Nach der Wiederentdeckung des hochmittelalterlichen Epos im 18. Jahrhundert begann ab 1816 auch die Geschichte der neuzeitlichen Nibelungenstadt in Text und Bild. In den beiden frühen Stadtgeschichten von 1825 und 1837 verbinden deren Autoren erneut die Historie der Stadt mit der Sage. Bereits um 1900 war das Nibelungenthema ein wesentliches Identifikationsmerkmal der Stadt.

1874 hatte der Wormser Stadtrat den Weg vom Bahnhof zum Rhein Siegfriedstraße benannt, in deren Nähe steht seit dem Jahr 1900 die Nibelungenschule, errichtet im Nibelungenstil. In den 1920er-Jahren entstand das Nibelungenviertel um den Dankwartplatz mit Gernot-, Giselher-, Gibich- und Volkerstraße, von dort geht es durch die Hagenstraße zum Siegfriedbrunnen (1921) ins Zentrum der Stadt, wo man in der Fußgängerzone den Nibelungenliedbrunnen (2003) entdecken kann.

Zudem gibt es das Hagendenkmal (1906) an der Rheinpromenade sowie die Brunhilden- und Krimhildenbrücke, die die Innenstadt mit den westlichen Stadtteilen verbinden. Die nach ihrer Zerstörung 1953 wieder aufgebaute Rheinbrücke heißt Nibelungenbrücke. Mit diesen Namensgebungen sind die Hauptfiguren der Nibelungensage auch heute noch allgegenwärtig. Und geradezu einmalig ist das im Jahre 2001 eröffnete multimediale Nibelungenmuseum an der mittelalterlichen Stadtmauer, ein origineller Raum für Dichtung und Wahrheit.

Eine Mischung aus Wahrheit und Dichtung bieten zudem die seit dem Jahre 2002 stattfindenden und bundesweit beachteten „Nibelungen-Festspiele“. Festspiele mit diesem Namen wurden bereits in früheren Jahrzehnten immer mal wieder veranstaltet, waren aber nicht von Dauer.

„Nibelungische“ Vornamen wie Rüdiger, Gernot, Gunther, Volker wurden in Worms und Rheinhessen in den dreißiger, vierziger und fünfziger Jahren des 20. Jahrhunderts häufiger vergeben als heute, Brunhilde und Kriemhilde dagegen sind weniger belegt. Siegfried war um 1900 ein beliebter männlicher Vorname, auch bei jüdischen Bürgern. Aber auch Restaurants, Cafés, Hotels, Autohäuser, Apotheken und andere Einrichtungen benennen sich nach den Helden des Nibelungenliedes. Über die Stadt verteilt gibt es weitere Orte und Installationen mit Bezug zur Sage, etwa „Siegfrieds Grab“. Außerdem werden Eis, Kuchen, Brötchen, Tee, Bier, Schnaps etc. rund um die Nibelungen verkauft. Eine Wochenzeitung für Worms und den Wonnegau nennt sich „Nibelungen Kurier“. Auch im Umland erinnern Straßennamen und sogar Ortschaften an die Nibelungensage; im südlichen Rheinhessen sind dies Gundheim, Gundersheim und Guntersblum. Und Alzey nennt sich gerne die Volkerstadt; aus ihr soll der Ritter Volker, Spielmann am Hofe der Burgunder, stammen.

Die Sandsteinfigur zeigt Siegfried und den erlegten Drachen – im Herrnsheimer Schlosspark und als Bekrönung des Siegfriedbrunnens im Stadtzentrum.

8 Eine besondere Architektur
Die „Sarazenentürme“ in Guntersblum

Zu den Besonderheiten Rheinhessens gehören die „Heidentürme“, die an Bauwerke im Orient erinnern. Das sind jene vier Kirchen, deren Turmkonstruktionen aus fremdartigen Kuppelbauten bestehen. Diese hier ungewöhnlichen Turmbekrönungen entstanden nach Abschluss des Ersten Kreuzzuges (1095–1099), den Papst Urban II. zur Befreiung des Heiligen Landes, das seit Mitte des 7. Jahrhunderts unter arabischer und damit muslimischer Herrschaft stand, ausgerufen hatte und an dem auch Tausende Männer aus der Gegend um Köln, Mainz und Worms teilgenommen hatten.

Die Kreuzfahrer, die dieses strapaziöse Unternehmen erfolgreich überstanden hatten, ließen in ihrer Heimat die Kirchen als Zeichen ihres Sieges, vielmehr als Symbol des Sieges Gottes über die muslimische Besatzungsmacht, nach Vorbild der Grabeskirche in Jerusalem errichten. Daher werden diese Gotteshäuser auch als Kreuzfahrerkirchen bezeichnet. Am größten und bekanntesten ist die Pauluskirche in Worms, heute Klosterkirche des Dominikanerkonvents, mit ihren beiden um 1100 errichteten Rundtürmen und den von Weitem sichtbaren steinernen Kuppeln. Der kleinste „Sarazenenturm“ befindet sich an der evangelischen Kirche am historischen Friedhof in Alsheim; der schönste, nach genauer Vorlage der Pauluskirche und wohl auch vom gleichen Bautrupp ausgeführt, steht in Dittelsheim. Diese Turmbekrönung auf den achteckigen Turmgeschossen wirkt noch markanter. Das letzte Kleinod in dieser Reihe findet der aufmerksame Besucher mit der mächtigen Zweiturmanlage der evangelischen Kirche in Guntersblum.

Dendrochronologische Untersuchungen haben ergeben, dass der Baum, aus dem die verwendeten Balken hergestellt wurden, 1101 gefällt und demnach die Kuppelbekrönung des Nordturms 1102 vollendet wurde. Damals besaß das Stift Xanten das Patronat über die dreischiffige Basilika. Auch hier besteht mit der Datierung und dem Erscheinungsbild eine Nähe zur Pauluskirche in Worms, die Türme in Guntersblum haben jedoch einen quadratischen Grundriss. Beide, mit Rundbogenfriesen reich gegliederten Türme der ehemals katholischen Kirche St. Viktor sehen identisch aus, doch der Schein trügt: 1702 stürzte der Südturm ein, 1842 wurde der nach historischem Vorbild rekonstruierte Neubau vollendet. Bei dieser Restaurierung wurde das ursprüngliche Erscheinungsbild der Kirche verändert. So schließt seitdem statt der einst glatten runden Steinkuppel eine achtseitige, rippenbesetzte Haube den Bau ab. Verschiedene Gesimse und die kleinen Steinkreuze auf den Giebeln kamen hinzu, eine weitere Zutat des 19. Jahrhunderts ist die Säulenempore über der Vorhalle des Haupteingangs. Auch das Kirchenschiff stammt nicht mehr aus romanischer Zeit, es wurde 1617/18 wegen Baufälligkeit abgerissen

Eine architektonische Besonderheit des Mittelalters sind die „Sarazenentürme" in Guntersblum.

und, bedingt durch Verzögerungen aufgrund des Dreißigjährigen Krieges, erst um 1690 wieder vollständig aufgebaut. Sehenswert ist auch das Innere der Kirche: der auf vier Löwen ruhende spätgotische Taufstein oder der 1770 erstellte Prospekt der ehemaligen, 1912 ersetzten Stumm-Orgel.

Der eindrucksvolle Kirchenbau, in dieser Form vor mehr als 900 Jahren als Siegeszeichen entstanden, stellt inmitten von Guntersblum und vor einem großen Platz auch den Wohlstand der seit Jahrhunderten vom Weinanbau geprägten Gemeinde dar. Sehenswert sind weiterhin das barocke Leininger Schloss (heute Rathaus), zahlreiche ehemalige Adelshöfe wie das „Neue Schloss", der „Deutschherrenhof" oder der „Homburger Hof", allesamt geschichtsträchtige Anwesen, die heute teilweise als Weingüter genutzt werden, oder der von Weinbergen und teils jahrhundertealten Weinkellern und Kelterhäusern eingerahmte, ein Kilometer lange Kellerweg, der einem der bekanntesten Weinfeste Rheinhessens seinen Namen verleiht: dem Kellerwegfest, das alljährlich am vorletzten und letzten Wochenende im August Tausende Weinliebhaber anzieht.

9 Ein Silo als Wahrzeichen des Ortes
Der Stauferturm in Schwabsburg

Die rheinhessische Tafel- und Hügellandschaft gewährt immer wieder atemberaubende Blicke. Die Höhenlage von Nierstein etwa bietet den Anblick des Taunus und die in Deutschland einmalige Silhouette von Frankfurt, Luftlinie etwa 40 Kilometer entfernt. Wie ein Wolkenkratzer im Kleinen wirkt ein auf den ersten Blick unscheinbarer Turm in der Nähe von Nierstein, in westlicher Richtung gelegen. Ein Getreidesilo, umgeben von Weinbergen?

Dem Bauwerk muss nachgegangen werden. Das ist gut möglich, man folge einfach dem Hinweisschild „Schloss Schwabsburg“. Ein Schloss ist zwar nicht zu finden, doch am nördlichen Ortsrand von Schwabsburg, seit 1970 ein Stadtteil von Nierstein, beherrscht ein Turm die Landschaft, der hier seinesgleichen sucht. Um 1210, so eine Hinweistafel, wurde der 22 Meter hohe Bergfried aus Kalksteinquadern errichtet. Die staufische Höhenburg entstand an einer nahe gelegenen römischen Heerstraße, erstmals urkundlich erwähnt wurde sie 1257, als Richard von Cornwall (1209–1272) sie dem Rheingrafen Werner II. (um 1214–1268) zu Lehen gab. Richard, Sohn des englischen Königs Johann Ohneland und dessen Frau Isabella von Angoulême, Neffe von Richard Löwenherz sowie Schwager des deutschen Königs Friedrich II., hatte sich während des Interregnums (1250–1273) zum römisch-deutschen König wählen lassen.

Die Schwabsburg hatte mehrfach den Eigentümer gewechselt, bis sie 1367 unter König Wenzel (1361–1419) an Pfalzgraf Ruprecht I. (1352–1410) verpfändet wurde; im Besitz der Kurpfalz blieb sie bis zum Ende des 17. Jahrhunderts. Wie auch die Umgebung, insbesondere die Burg Landskron bei Oppenheim, wurde die Burganlage im Dreißigjährigen Krieg 1620 durch den spanischen Feldherrn Ambrosio Spinola (1569–1630) und erneut durch französische Truppen im Pfälzischen Erbfolgekrieg (1689) zerstört. 1799, inzwischen stand das linksrheinische Gebiet unter französischer Besatzung, wurden noch vorhandene Gebäude und Mauerreste versteigert und abgerissen, die Steine dienten als preiswertes, aber stabiles Baumaterial. Nach dem Abzug der Franzosen gelangte die Ruine in staatlichen Besitz, Eigentümer war also bis 1918 das Großherzogtum Hessen-Darmstadt, danach der Volksstaat Hessen.

Heute obliegt die Verwaltung der Generaldirektion Kulturelles Erbe Rheinland-Pfalz. Die Landesinstitution ließ den Turm zwischen 2009 und 2012 umfangreich sanieren, dabei wurde auf ein behutsames Miteinander von Mensch und Natur geachtet. Der Turm ist heutzutage nicht nur ein bemerkenswertes Denkmal der Stauferzeit, sondern zugleich Lebensraum für Dohlen und Turmfalken.

Auch wenn von einer Burg nichts mehr zu erkennen ist, so wirkt doch der massive Bergfried mit seinen 3,5 Meter

Von Weitem wirkt der mittelalterliche Stauferturm bei Schwabsburg wie ein modernes Silo.

dicken Mauern eindrucksvoll, er verkörpert ein Stück längst vergangener Reichsgeschichte. Seine einstige Wehrplattform mit Zinnenkranz und Zeltdach hat er schon lange eingebüßt. Auf seine heutige offene Aussichtsplattform gelangt man über eine moderne Stahlspindeltreppe. Der Aufstieg lohnt! Aus der Vogelperspektive blickt man auf Schwabsburg und Nierstein, einen grandiosen Weitblick hat man auf die Rheinebene, die entgegengesetzte Richtung bietet ein geradezu unendliches Rebenmeer. Zu Füßen des außergewöhnlichen Bauwerks lädt ein Rastplatz zum Picknick ein. Schmalzbrote, belegte Brötchen und ein Schoppen vom „Roten Hang", dem einmaligen Weinanbaugebiet zwischen Nierstein und Nackenheim, sind Stärkung und Genuss zugleich.

10 Die mehrfache Hauptstadt
Das goldene Mainz

Mainz mit seinen rund 210.000 Einwohnern gehört zwar zu den kleinen Landeshauptstädten innerhalb der Bundesrepublik, doch keine verfügt über eine reichhaltigere Geschichte. In vorchristlicher Zeit siedelten hier die Kelten, danach ließen sich die Römer nieder. Unter dem römischen Heerführer Drusus (38–9 v. Chr.) im Jahr 13. v. Chr. als Legionslager gegründet, war Mogontiacum ab 90 n. Chr. für mehr als 150 Jahre Hauptstadt der römischen Provinz Germania superior, bis die Römer sich zurückzogen.

In der mehr als 2.000 Jahre alten Geschichte haben die Bürger über eine verhältnismäßig kurze Zeit die Geschicke ihrer Stadt selbst gelenkt: Von 1244 bis 1462 war Mainz eine freie Stadt; zwar war der Erzbischof weiterhin Stadtoberhaupt, doch Mainz wurde von einem gewählten Stadtrat verwaltet. In diese frühe Blütezeit fiel auch die Gründung des Rheinischen Städtebundes. Dem politischen, wirtschaftlichen und militärischen Bund gehörten Worms, Köln, Speyer, Straßburg, Basel sowie Oppenheim an; Ziel des Zusammenschlusses war die Wahrung von Frieden und Recht.

Umso größer war die Bedeutung der Kirche in und für Mainz. Seit den Tagen Karls des Großen (782) bis zur Säkularisation (1803) war der Erzbischof Vorsteher der politisch mächtigen und territorial großen Kirchenprovinz Mainz, die weite Teile des Heiligen Römischen Reichs Deutscher Nation umfasste und der im Laufe der Jahrhunderte rund 20 Bistümer angehörten. In der Nachfolge von Bonifatius (um 673–755), dem „Apostel der Deutschen", galt der jeweilige Mainzer Erzbischof als einer der mächtigsten Männer des Reiches. Als politische Instanz war er Kurfürst und Reichserzkanzler und zugleich Bischof – „Primas Germaniae" war sein Ehrentitel. In Mainz befand sich der Sitz des Stellvertreters des Papstes jenseits der Alpen. Als einer von sieben Kurfürsten durfte der Bischof den künftigen römisch-deutschen König mitwählen. Bedeutender waren folglich nur der gewählte König bzw. Kaiser und der Papst. Dass die Fürstbischöfe angemessen zu repräsentieren verstanden, zeigt ihre Residenz; neben ihrem Bischofspalast beim Dom stand ihnen zunächst die Martinsburg (um 1480) am Rheinufer, dann, nach deren Zerstörung, das Kurfürstliche Schloss zur Verfügung. Noch heute zeugt das im Zweiten Weltkrieg stark zerstörte, dann instand gesetzte Barockschloss von der einstigen Bedeutung seiner Bewohner. Auch das Lustschloss Favorite (um 1700) gegenüber der Mainmündung (heutiger Stadtpark) bot den Bischöfen und ihren Gästen bis zur Zerstörung 1793 durch französische Revolutionstruppen einen angenehmen Aufenthalt. Die Fürstbischöfe stammten ab dem Hohen Mittelalter bis zur Auflösung der Mainzer Kirchenprovinz allesamt aus bedeutenden Adelsfamilien, an die noch heute manches Palais oder eine Straße in der Altstadt erinnern.

Der 1.000 Jahre alte Dom zu Mainz – Wahrzeichen der rheinland-pfälzischen Landeshauptstadt.

Doch mit dem Ende begann ein neuer Anfang; ab 1797 bis 1814 gehörte Mainz zur französischen Republik bzw. ab 1804 zum Kaiserreich Frankreich, damit wurde die Stadt, nun Mayence genannt, Hauptstadt des Departéments du Mont Tonnerre (Departement Donnersberg). Mit Gründung des Großherzogtums Hessen-Darmstadt und der neu geschaffenen Provinz Rheinhessen (1816) war Mainz als aufstrebender Industriestandort die wichtigste und wirtschaftlich stärkste Stadt Rheinhessens. Als sie gegen Ende des Zweiten Weltkrieges, insbesondere am 27. Februar 1945 stark zerstört wurde, gab es tatsächlich Überlegungen, sie rechtsrheinisch neu aufzubauen. Im August 1946 jedoch ordnete die französische Militärregierung unter General Marie-Pierre Kœnig (1898–1970) die Gründung des neuen Landes Rheinland-Pfalz an. Mainz sollte Hauptstadt werden, doch wegen der fehlenden Räumlichkeiten fungierte zunächst Koblenz, ehemalige Hauptstadt der preußischen Rheinprovinz, als Regierungssitz. Nun entwickelte sich ein lebhafter „Hauptstadtstreit“, da beide Städte Hauptstadt des neuen Landes werden wollten. Mit Verweis auf seine Geschichte und mit Rücksicht auf die südlichen Landesteile entschieden sich die Abgeordneten des Landtags schließlich im Mai 1950, den Sitz der Landesregierung in die alte Domstadt zu verlegen. Am 18. Mai 1951, dem rheinland-pfälzischen Verfassungstag, fand die erste Sitzung des Landtags im Deutschhaus statt. Seit 1950 also ist das „goldene Mainz“ liebenswerte und weitgehend zur alten Pracht auferstandene Hauptstadt des Landes Rheinland-Pfalz.

11 „Mann des Jahrtausends“ aus Mainz
Johannes Gutenberg

Schon bei Eröffnung der Walhalla, der Gedenkstätte für bedeutende deutsche Persönlichkeiten, 1842 in Donaustauf bei Regensburg, wurde er mit einer Büste geehrt, im Jahr 2003, also rund 160 Jahre später, wählten ihn Zuschauer bei der ZDF-Sendung „Die größten Deutschen“ auf Platz 8 (nach Goethe und vor Bismarck): Johannes Gutenberg, ein weltweit bekannter Sohn der Stadt Mainz.

Als Johannes Gensfleisch kam er um 1400 als Sohn eines Kaufmanns zur Welt, 1468 endete sein Leben in seiner Geburtsstadt; den Beinamen Gutenberg, benannt nach dem elterlichen Hof „Zum Gutenberg“, nahm die Familie erst ab den 1420er-Jahren an. Seine ersten Lebensjahre sind nur bruchstückhaft überliefert, doch da aus wohlhabenden Verhältnissen stammend, ist davon auszugehen, dass er in Mainz die Lateinschule besucht hat, naheliegend ist ebenso ein Studium in Erfurt. Akten belegen für die Zeit von 1433 bis 1444 Gutenbergs Aufenthalt in Straßburg, wo er im Münz- und Goldschmiedehandwerk tätig war.

Ab Oktober 1448 ist er wieder in Mainz aktenkundig. Er baute eine Druckwerkstatt auf und experimentierte mit einer von ihm konstruierten Druckpresse, mit der er das Bedrucken von Papier und Pergament automatisierte. Ebenso revolutionierte er mit den vom ihm erfundenen beweglichen Metalllettern die Verbreitung von Büchern, die bislang in einem zeitaufwändigen Verfahren von Hand abgeschrieben werden mussten. Zu seinen Leistungen gehören ferner die Verwendung eines Typengießinstruments und die Herstellung einer schnell trocknenden schwarzen Druckfarbe. Alle Komponenten zusammen ergaben ein effizientes Produktionsverfahren, an dessen Ende der Druck von einseitigen Ablassbriefen, Kalendern, aber auch umfangreichen Büchern stand.

Gutenbergs Erfindung der Buchdruckerkunst um 1450 zählt mit den Entdeckungsfahrten von Christoph Kolumbus (1492) und der Reformation (1517) zu den wichtigsten Ereignissen um 1500, mit denen die Neuzeit das Mittelalter als Epoche ablöste.

Zu Gutenbergs wichtigsten und schönsten Druckerzeugnissen gehört seine aus zwei Bänden und insgesamt rund 1.280 Seiten bestehende 42-zeilige „Gutenberg-Bibel“ (um 1455), von der 180 Exemplare hergestellt wurden und von denen weltweit noch 49 Stück existieren; stolzer Besitzer eines dieser teuersten Bücher ist das Gutenberg-Museum Mainz. Dank Gutenbergs Verfahren konnten fortan Bücher billiger, schneller und in größeren Auflagen gedruckt und verbreitet werden; ohne diese Erfindung wäre die von Martin Luther (1483–1546) maßgeblich beeinflusste Reformation nicht erfolgreich gewesen. Nach und nach war es möglich, weite Teile der Bevölkerung an der Vermittlung von Bildung teilhaben zu lassen, damit war

Das Denkmal für Johannes Gutenberg (um 1440–1468), Erfinder des Buchdrucks, im Stadtzentrum von Mainz.

der Buchdruck der Wegbereiter einer umfassenden Alphabetisierung.

Schon zu Lebzeiten wurde der Erfinder hochgeehrt; der Mainzer Kurfürst und Erzbischof Adolf von Nassau (1423–1475) ernannte ihn 1465 zum Hofedelmann, unterstützte ihn finanziell und befreite ihn von Steuerzahlungen. Mainz, aber auch Augsburg entwickelten sich zu Hochburgen der Druckwerkstätten, die mit ihren Erzeugnissen, zunächst geistlicher, dann jeder Form der Literatur, den Alltag der Menschen bereicherten.

Das heutige Gutenberg-Denkmal auf dem Gutenberg-Platz wurde bereits 1837 aufgestellt. Es ist ein Werk des bekannten dänischen Bildhauers Bertel Thorvaldsen (1770–1844) und gehört mit dem Luther-Standbild in Wittenberg (1821) zu den ersten Denkmälern dieser Art, die einem Bürgerlichen gewidmet wurden. Auch mehr als 600 Jahre nach seiner Geburt ist Johannes Gensfleisch, genannt Gutenberg, eine Identifikationsfigur der Mainzer Geschichte. Das ihm gewidmete Museum wurde 1901 eröffnet, seit 1946 trägt die nach dem Zweiten Weltkrieg wieder in Betrieb genommene Mainzer Universität seinen Namen. Deutschlandweit erinnern weitere Denkmäler, Straßen und Plätze an ein Genie, das in Mainz geboren wurde und hier verstarb (einst in der Franziskanerkirche bestattet, existiert jedoch sein Grab aufgrund mehrfacher Umbauten nicht mehr); sogar der ICE 828/829 fuhr auf der Strecke Nürnberg–Berlin–Nürnberg unter seinem Namen, allerdings ohne Halt in Mainz.

12 Mit Mistgabeln gegen die Obrigkeit
Die tapferen Bauern von Pfeddersheim

Das heute rund 7.000 Einwohner große Pfeddersheim im südlichen Rheinhessen, im Hochmittelalter sogar freie Reichsstadt, seit 1969 ein Stadtteil von Worms, fand Eingang in die Geschichtsbücher, weil es am 23. und 24. Juni 1525 Schauplatz einer Schlacht der Bauernkriege war.

Im Jahr 1524/25 war fast ganz Süddeutschland betroffen von den Revolten der Bauern, die sich gegen die Abgaben an die Grundherren, ebenso gegen deren Eingriffe in Rechte wie dörfliche Selbstverwaltung und Nutzungsrechte an Wiesen, Wald und Gewässern richteten. Bei ihrem Kampf gegen die Obrigkeit bezogen sich die Bauern auf das Evangelium, sie beriefen sich auf die Reformation und forderten die Aufhebung der Leibeigenschaft sowie die freie Pfarrerwahl und die reine Predigt im Sinne der neuen Glaubenslehre. Ein Teil der Bauern am Oberrhein setzte auf Verhandlungen zur Verbesserung ihrer wirtschaftlichen Lage; die Bauern aus Pfeddersheim und Umgebung dagegen plünderten und verwüsteten zahlreiche umliegenden Adels- und Klostergüter, und sie besetzten die Stadt Pfeddersheim, die damals zum Kurfürstentum Pfalz gehörte. Die Bürger der Stadt sympathisierten mit den Bauern und widersetzten sich gleichfalls der staatlichen Autorität vor Ort.

Kurfürst Ludwig V. von der Pfalz (1478–1544), der mit seinem Heer bereits mehrere Aufstände der Bauern bekämpft hatte – im Mai 1525 in Forst/Weinstraße, dann in Würzburg –, eilte nach Pfeddersheim, um Ruhe und Ordnung wiederherzustellen. Zwar waren die Truppenstärken beider Gegner in etwa ausgeglichen, doch die fürstlichen Krieger waren militärisch ausgebildet und entsprechend ausgerüstet, die rund 8.000 Bauern dagegen kämpften planlos mit Lanzen und vor allem Ackergeräten wie Mistgabeln, Sensen, Dreschflegeln. Immerhin bot die wehrhafte Pfeddersheimer Stadtmauer mit ihren zahlreichen Türmen, die noch heute eine Sehenswürdigkeit darstellen, den aufständischen Bauern Schutz gegenüber den kurpfälzischen Truppen, die nördlich und südwestlich des Ortes lagerten.

Bei einem Angriff von rund 7.000 Mann auf die im Westen lagernden Reitertruppen in der Nacht vom 23. auf den 24. Juni 1525 entstand eine unübersichtliche Situation. Die unterlegenen und nur ansatzweise organisierten Bauern versuchten teilweise, zurück in die Stadt zu gelangen, andere verschanzten sich im nördlich der Stadt gelegenen Kloster St. Georgenberg, das dabei zerstört wurde. Auf der Flucht durch den Hohlweg nach Mörstadt kam es zur entscheidenden Begegnung der gegnerischen Truppen. Etwa 4.000 aufständische Bauern wurden besiegt, zumeist getötet. Das Blut der Ermordeten sei in Strömen kniehoch die Hohl entlang geflossen, so die Überlieferung, daher wird die Straße nach Mörstadt noch heute „Bluthohl" genannt. Am nächsten Tag wurden Rädelsführer

Seit dem Jahr 2000 erinnert ein von Simon Knab entworfenes Denkmal am Ortsausgang von Pfeddersheim nach Mörstadt an die Bauernschlacht von 1525.

enthauptet, Pfeddersheimer Bürger bestraft, Bauern aus anderen Gegenden mit Auflagen in ihre Heimat entlassen. Die Stadt verlor ihre Freiheitsrechte und musste sich Kurfürst Ludwig V. unterwerfen. Seit Juni 2000 erinnert in der Georg-Scheu-Straße am Ortsausgang von Pfeddersheim ein Denkmal an die blutigen Ereignisse des Jahres 1525.

Auch in den übrigen Regionen endeten die gewaltsamen Bauernrevolten mit dem Sieg der Landesherren, die Bauern spielten fortan politisch keine Rolle. Martin Luther hatte zunächst die berechtigten Anliegen der Bauern unterstützt, doch dann sah er in der Radikalisierung der Aufständischen eine Gefahr für die weltliche Ordnung und distanzierte sich in seiner Schrift „Wider die räuberischen und mörderischen Rotten der Bauern“ von dieser Bewegung. Die Schlacht bei Pfeddersheim, eine der größten innerhalb der Bauernkriege, mag Luther missbilligt haben, doch 1540, 19 Jahre nach seinem legendären Auftritt vor dem Wormser Reichstag, ließ er sich 60 Liter Pfeddersheimer Wein nach Wittenberg liefern, er muss ihm gemundet haben. Zu seinen Gästen soll er gesagt haben: „Wie gefällt euch der Pfeddersheimer? Unser Herr Gott will der Welt einen guten Trunk zur Letzt einschenken“, so Magister Johannes Mathesius (1504–1565), Luthers Tischgenosse und dessen erster Biograf.

13 Mittelalter und Wein entdecken
Die Fleckenmauer in Dalsheim

Flörsheim-Dalsheim, zwischen Alzey und Worms gelegen, ist nicht nur eine der größten Weinbaugemeinden Rheinhessens mit überregional bekannten Weingütern, auch zwei Besonderheiten sind hier zu entdecken: Im Ortsteil Nieder-Flörsheim ist, so die Bewertung in Fachkreisen, „Deutschlands erfolgreichstes Sekthaus" ansässig, und im Ortsteil Dalsheim steht noch heute die mittelalterliche Dorfbefestigung, diese ist einmalig in Rheinhessen.

Bereits 766 erstmals urkundlich erwähnt, blickt der Ort wie die ganze Region auf eine wechselvolle Geschichte zurück: Einst als fränkische Siedlung gegründet, im späten Mittelalter Teil der Kurpfalz, dann kurzzeitig im Besitz einer Linie der Adelsfamilie Rodenstein, in den Kriegen des 17. Jahrhunderts zerstört, seit 1816 Teil des Großherzogtums Rheinhessen, um nur einige wenige Eckdaten zu nennen, verzaubert der Ort den Besucher mit seiner 1.100 Meter langen Fleckenmauer. Errichtet um 1480 aus Kalkbruchstein, ist sie die einzige fast vollständig erhaltene mittelalterliche Befestigungsmauer in Rheinhessen. Fleckenmauer wird sie genannt, weil sie den Flecken Dalsheim umschließt; mit Flecken wurden im Mittelalter kleinere, aber für das Umland bedeutende Ortschaften bezeichnet. Die Mauer ist hier so außergewöhnlich, weil die Gemeinde kein Stadtrecht besaß und solche Mauern ein Vorrecht von Städten waren.

Erhalten haben sich alle sieben Türme, so der „Hexenturm", der „Untertorturm" oder der „Übenturm". Ein besonderes Erlebnis ist es, den „Obertorturm" hinaufzusteigen – 47 Stufen einer 1991 eingebauten Wendeltreppe machen das problemlos möglich – und dann auf dem Wehrgang zum „Nordwestturm" zu gehen, von dort aus nämlich hat man einen herrlichen Blick in die Rheinebene sowie auf den alten Ortskern mit der katholischen Kirche St. Peter und Paul und den beiden evangelischen Kirchen, der Oberen und der Unteren evangelischen Kirche, auch „Sommer-" und „Winterkirche" genannt. Beim „Oberturm" handelt es sich um einen Rundturm mit Schlüsselschießscharten, (rekonstruierten) Zinnen und einer Plattform; vergleichbar ist der „Nordwestturm", der jedoch über Schlitzschießscharten verfügt. Beide Arten von Schießscharten findet man am kleineren, halbrunden „Hexenturm". Der „Untertorturm" im Südosten der Anlage steht dagegen auf quadratischem Grundriss; er diente bis 1833 dem Wächter und seiner Familie als Wohnung.

Im Dezember 1837 wurden die beiden Tore, durch die man den Ort verlassen bzw. betreten konnte, zum Abbruch versteigert, da sie „nichts nützen" bzw. baufällig waren. Nach dem Abriss wurde 1840 der Wallgraben zugeschüttet und Gärten, teils bis heute erhalten, wurden auf dem gewonnenen Gelände angelegt.

Vor der imposanten Mauer, die den „Untertorturm" mit dem „Nordwestturm" verbindet und damit im Osten

Die spätmittelalterliche Fleckenmauer in Dalsheim ist ein „Kunstdenkmal von besonderem Rang“.

Dalsheims, befindet sich der 1579 angelegte Jüdische Friedhof, der die NS-Zeit überlebt hat und auf dem rund 200 Grabsteine stehen. Der älteste erhaltene Grabstein stammt aus dem Jahr 1721, die letzte Beisetzung fand hier 1942 statt.

Von 1986 bis 1990 wurde die Fleckenmauer, nach Einschätzung von Kunsthistorikern ein „Kunstdenkmal von besonderem Rang“, saniert. Anlässlich dieser umfassenden Restaurierung fand 1988 das erste Fleckenmauerfest statt, das seitdem alle vier Jahre zahlreiche Besucher aus nah und fern in die bedeutende und beschauliche Weinbaugemeinde lockt. Bereits um 1900 wurde der baugeschichtliche Wert der mächtigen Mauer erkannt – sie steht nämlich schon seit dem 1. Oktober 1902 unter Denkmalschutz!

14 „Klein-Jerusalem am Rhein" Worms und seine jüdische Gemeinde

Mit Speyer, Worms und Mainz liegen gleich drei bedeutende mittelalterliche jüdische Gemeinden Mitteleuropas in Rheinland-Pfalz, zwei davon in Rheinhessen. Nach den Anfangsbuchstaben ihrer hebräischen Bezeichnung SchUM genannt, genossen sie in der ganzen jüdischen Welt großes Ansehen. Die Gelehrten des 11. Jahrhunderts, etwa der aus Mainz stammende Rabbi Gerschom ben Jehuda oder der in Worms lehrende Rabbi Salomo ben Isaak („Raschi"), waren einflussreiche Talmudlehrer des mitteleuropäischen Judentums.

Bereits in der Spätantike siedelten Juden am Oberrhein, schon 1034 errichtete die jüdische Gemeinde Worms ihre Synagoge, die jedoch während der Judenverfolgungen zur Zeit des Ersten Kreuzzuges (1096) beschädigt wurde. Die Stadt am Rhein war für die jüdischen Gemeinden so bedeutend, dass Worms auch „Klein-Jerusalem" genannt wurde. Jahrhundertelang war das spannungsreiche Verhältnis zwischen Christen und Juden geprägt durch eine gegenseitige Achtung und zugleich Missachtung. In der Regel lebten die Gemeinden nebeneinanderher, die Juden in eigenen Bezirken („Judengasse"). Erst im 19. Jahrhundert, mit ihrer politischen Gleichberechtigung, kam es zu einem gedeihlichen Miteinander.

In Worms übte von 1849 bis 1852 Ferdinand Eberstadt als erster Jude Deutschlands das Amt des Bürgermeisters aus. In den Gemeinden bereicherten die Juden das gesellschaftliche Leben, sie waren Mitglieder von Geschichts-, Musik- oder Turnvereinen. Vor allem in Mainz und Worms unterhielten sie große Kaufhäuser, waren als Juristen, Ärzte, Händler tätig. Liberale und assimilierte Mitglieder der israelitischen Gemeinde Mainz waren so wohlhabend und fortschrittlich zugleich, dass sie 1912 eine neue Hauptsynagoge in der Neustadt einweihen konnten, diese war als eine der ersten und wenigen Synagogen in Deutschland mit einer Orgel ausgestattet. Bereits zuvor waren in Ingelheim (1841), Alzey (1854) und Bingen (1905) neue Synagogen entstanden, die, sei es im maurischen oder neoromanischen Stil, dem Stadtbild eine besondere architektonische Note gaben.

Das vorläufige Ende der jüdischen Gemeinden in Rheinhessen vollzogen die Nationalsozialisten ab 1933. In der Nacht vom 9. auf den 10. November („Reichspogromnacht") zerstörten sie die Synagogen in Alzey, Mainz und Worms, die Geschäfte und Wohnungen jüdischer Bewohner wurden geplündert und demoliert, in den folgenden Jahren wurden zahlreiche Juden in die Vernichtungslager deportiert. Angesichts dieser gründlichen Tilgung jüdischen Lebens wundert es, dass in Rheinhessen rund 60 historische Judenfriedhöfe das „Dritte Reich" überlebt haben, so in Eppelsheim, Flonheim, Gau-Bickelheim,

Die erstmals 1034 errichtete (und zuletzt 1938 zerstörte) Synagoge in Worms blickt auf eine 1000-jährige wechselvolle Geschichte zurück.

Jugenheim, Osthofen, Sörgenloch oder Wörrstadt. Der mit rund 2.500 Grabsteinen größte jüdische Friedhof in Rheinhessen befindet sich in Worms, er wird „Heiliger Sand“ genannt und ist zugleich der älteste erhaltene Judenfriedhof Europas. Bemerkenswert auf diesem Friedhof sind nicht nur der älteste Grabstein aus dem Jahr 1058 und das „Tal der Rabbiner“, in dem bekannte Rabbiner beigesetzt wurden, sondern auch die stilistische Vielfalt der Grabsteine aus mehreren Epochen und der neuere, ab dem frühen 19. Jahrhundert belegte Teil an der Bahnstrecke Worms–Mannheim. Die hier stehenden, reich verzierten Grabmäler sind gestaltet wie die der christlichen Bewohner, oftmals von denselben Steinmetzen geschaffen, und die Inschriften sind nun überwiegend zweisprachig, auf Hebräisch und Deutsch. Bereits ab Ende der 1950er-Jahre wurde die Wormser Synagoge rekonstruiert, in Mainz eröffnete 2010 am alten Standort (Hindenburgstraße/Josefstraße) ein moderner Neubau.

Wie im jüdischen Brauch üblich, findet eine Grabpflege nicht bzw. nur selten statt; umso beschaulicher wirken die teils jahrhundertealten Sandsteine, umgeben von Gras und Bäumen. Sie sind stille Orte des Gedenkens und der Mahnung.

15 Idyllische Ruine mit Weitblick
Die Landskron bei Oppenheim

Liselotte von der Pfalz hat zwar direkt nichts mit Rheinhessen zu tun, doch auch heute noch ist ihr Name hier präsent. Die 1652 in Heidelberg geborene Elisabeth Charlotte Prinzessin von der Pfalz, Tochter des Kurfürsten Karl I. Ludwig (1617–1680) und dessen Frau Charlotte von Hessen-Kassel (1627–1686), wurde 1671 mit Herzog Philippe I. von Orléans (1640–1701), dem Bruder des französischen Königs Ludwig XIV. (1638–1715), genannt der „Sonnenkönig", verheiratet.

Nachdem Liselottes Bruder Karl II., Kurfürst der Pfalz, 1685 verstorben war, nahm ihr Schwager Erbstreitigkeiten zum Vorwand und ließ ab 1688 Truppen in das linksrheinische Gebiet einmarschieren. Dieser „Pfälzische Erbfolgekrieg" sollte bis 1697 dauern und vor allem der Kurpfalz große Zerstörungen bringen. Doch ebenso oberrheinische Städte wie Oppenheim und Worms brannten fast vollständig nieder. Auch wenn Ludwig XIV. sein Ziel, den gesamten Rheinverlauf zur natürlichen Grenze seines Reiches im Osten zu machen, nur im Ansatz erreichte, legte der Pfälzische Erbfolgekrieg, der sich schnell zu einem europäischen Konflikt ausweitete, den Grundstein für die „deutsch-französische Erbfeindschaft".

Oppenheim war bereits im Dreißigjährigen Krieg (1618–1648) beschädigt worden, nun, mit der Einnahme durch französische Truppen 1688, begann erneut eine Zeit des Unfriedens: Am 31. Mai 1689 ließ General Ezéchiel de Mélac (1630–1704) die Stadt und die Burg Landskron niederbrennen. Oppenheim, bereits 765 erstmals urkundlich erwähnt und seit 1225 eine Freie Reichsstadt, gehörte zu den bedeutendsten Städten in Südwestdeutschland. Schon im frühen 12. Jahrhundert befand sich oberhalb des Ortes eine burgähnliche Anlage, die heutige, von Weinbergen umgebene Ruine wurde als Höhenburg Anfang des 13. Jahrhunderts errichtet. Wegen ihrer strategisch günstigen Lage war sie von großer Bedeutung und bei den damaligen Herrschern sehr beliebt. So verbrachte hier Ruprecht I. (1352–1410), Kurfürst der Pfalz und ab 1400 römisch-deutscher König, seine letzten Lebenswochen in der Burg mit dem tollen Weitblick.

Wechselvoll ist ihre Geschichte, im Hohen Mittelalter mehrfach beschädigt, ließ Kurfürst Friedrich V. (1596–1632), Großvater erwähnter Liselotte, 1615 die von einem Graben umgebene Anlage zu einem kleinen dreigeschossigen Schloss umbauen. Ihr endgültiges Ende hatte Jahrzehnte später Liselottes Schwager Ludwig XIV. zu verantworten. Der Bergfried, der den Dreißigjährigen Krieg weitgehend unbeschadet überstanden hatte, und das instand gesetzte Schloss, nun erst „Burg Landskron" genannt, waren wie die Stadt ihrer Pracht und ihrer Nutzung als Residenz beraubt. Der Südflügel mit seinem repräsentativen „Kaisersaal" und der Nordflügel mit den Wohn- und Wirtschaftsgemächern waren

Die Ruine Landskron oberhalb von Oppenheim bietet Blicke in die Rheinebene und bis nach Frankfurt/M.

nur noch eine Ruine, die den Bürgern als Steinbruch diente.

Angesichts der Brutalität der französischen Soldaten wundert es, dass manche Mauern erhalten sind. Sie bieten alljährlich im Mai eine imposante Kulisse für das „Mittelalterspectaculum“ und geben im Spätsommer und Frühherbst den „Oppenheimer Theaterfestspielen“ eine originelle Bühne. Erhalten hat sich ebenso der annähernd 40 Meter tiefe Burgbrunnen aus dem 13. Jahrhundert. Am schönsten aber ist es in der Ruine, wenn kaum Menschen zugegen sind, die Vögel zwitschern und man bei klarer Sicht im Nordosten die Silhouette von Frankfurt, gegenüber den Odenwald und im Süden den Wormser Dom erblicken kann, erst recht dann, wenn die milden Strahlen der Abendsonne auf die Rheinebene scheinen und die Landschaft einem Gemälde gleicht.

16 Einer der sichersten Orte Rheinhessens
Das Kellerlabyrinth in Oppenheim

Abgesehen von der mittelalterlichen Ruine Landskron und der Katharinenkirche, eine der bedeutendsten gotischen Kirchen am Rhein zwischen Köln und Straßburg, sowie dem Deutschen Weinbaumuseum bietet Oppenheim eine weitere Sehenswürdigkeit, die eine Entdeckung wert ist: das jahrhundertealte Kellerlabyrinth, das zufällig 1986 wieder zum Vorschein kam.

Wie andere mittelalterliche Städte, die sich einerseits an einer wichtigen Handelsroute, andererseits an bedrohter Lage befanden, war auch Oppenheim weiträumig unterkellert. Dank des geeigneten Untergrunds, der aus weichem, leicht abbaubarem und dennoch stabilem Löss-/Mergelboden besteht, entstanden unter dem Städtchen ab der Mitte des 14. Jahrhunderts Hohlräume, die als Waren- und Vorratslager und in Kriegszeiten als Zufluchtsort gedacht waren. Wer sich mit den unterirdischen Wegen auskannte, war in Krisenzeiten im Vorteil, er konnte sich unbemerkt von Belagerern mit anderen Bewohnern verständigen. Als die Stadt nach der Zerstörung im Pfälzischen Erbfolgekrieg um 1700 wieder aufgebaut wurde, berücksichtigten die neuen Verkehrswege und Häuser nicht die vorhanden, noch intakten Keller und Gewölbe im Untergrund. Damit wurden Eigentumsrechte ignoriert bzw. nicht wahrgenommen, die Keller kaum noch genutzt und dann als naheliegende Abstellräume für nicht mehr benötigte Dinge oder gar als Mülldeponie missbraucht. Im Lauf der Jahre gerieten die mit Bruchsteinen gemauerten Kellergänge in Vergessenheit.

Erst im November 1986 erfuhren viele, vor allem jüngere Oppenheimer erstmals von dem in dieser Größe und zumindest in Rheinhessen geradezu einmaligen Kellerlabyrinth. Aufgeschreckt durch nicht definierbare Geräusche alarmierte eine Bewohnerin in der Pilgersberggasse die Polizei, weil sie Einbrecher in ihrem Haus vermutete. Als der Streifenwagen in der kleinen Seitenstraße der Mainzer Straße vorfuhr, sackte die Straße ein, und ein rund vier Meter langes Loch trat neben dem Auto zu Tage. Die Aufmerksamkeit war deutschlandweit groß; die „Allgemeine Zeitung" titelte am 4. November 1986: „Pilgergasse als Polizistenfalle: Blitzschnell war der Wagen weg. Erst ausgerückt, dann eingebrochen – so lässt sich das Schicksal zweier junger Polizeibeamter schildern, die gestern Morgen um 4.30 Uhr die Oppenheimer Pilgergasse befuhren. Mit der Nachricht ‚Hier bewegt sich die Straße' waren sie von erregten Anwohnern aufgeschreckt worden. Kaum an Ort und Stelle, gab der Boden nach – offenbar sind ein Wasserrohrbruch und die unterirdischen Gänge des Ortes schuld –, und die Polizisten saßen in der Falle."

Jahrelanges Einsickern von Wasser und dazu die fehlende Belüftung hatten zu dem plötzlichen Einbruch geführt. Auf Rat der Denkmalschützer begann in den 1990er-Jahren eine umfangreiche

Über eine unscheinbare Tür am östlichen Rathaus-Keller in der Merianstraße gelangt man in das Oppenheimer Kellerlabyrinth – ein Ort voller Entdeckungen.

Sicherung und Instandsetzung des Kellersystems, unter bergmännischer Anleitung und nach modernen Verfahren, um Häuser und Straßen zu schützen. Die Oppenheimer kamen aufgrund der kostspieligen Sanierung auf eine einfallsreiche Idee; sie öffneten 2003 die aufgeräumten und nun wieder begehbaren unterirdischen Wege für Touristen und boten sogar Veranstaltungen wie Weinproben und kulturelle Veranstaltungen oder Halloween-Partys an.

Der geführte Rundgang ist etwa 500 Meter lang, 160 Stufen sind zu bewältigen, an einigen, nur 1,20 Meter hohen Stellen muss man besonders achtsam sein, daher ist das Tragen eines Helmes Pflicht. Nicht nur das alte Gemäuer, mehrere anschauliche Infotafeln und so manche dekorativ aufgestellte Überreste wie alte Nachttöpfe oder Flaschen rufen Erstaunen hervor, genauso spannend sind die Anekdoten, die die Gästeführer zu berichten wissen.

Seit 2012 gibt es ein weiteres Labyrinth, doch beide Rundgänge, deren Einstieg in der Merianstraße liegt, stellen nur einen Bruchteil der insgesamt rund 30 Kilometer langen Gänge dar. Das Oppenheimer Kellerlabyrinth hat sich weit über die Region hinaus zu einem wahren Publikumsmagneten entwickelt; jährlich rund 30.000 Besucher sind in den außergewöhnlichen Ort der mittelalterlichen Stadtgeschichte ein- und wieder aufgetaucht. Gut verbinden lässt sich die rund einstündige Führung mit der Besichtigung der anderen Sehenswürdigkeiten, und zum Abschluss eine Weinprobe mit Oppenheimer Spezialitäten – was will man mehr!?

17 Ein Glücksfall für die Region
Die Mennoniten in Ibersheim

Nicht nur Juden als religiöse Minderheit haben nachhaltig Spuren ihres geistig-kulturellen Lebens in Rheinhessen hinterlassen, sondern auch die Mennoniten. Die während der Reformation in Zürich entstandene Täuferbewegung, benannt nach dem niederländischen Theologen Menno Simons (1496–1561), praktiziert die Erwachsenentaufe und eine von der Bergpredigt inspirierte gewaltfreie Theologie. Oftmals waren die Angehörigen der Mennonitengemeinden der Verfolgung ausgesetzt, u.a. weil sie den Kriegsdienst und den Eid ablehnten.

In die Altrheingemeinde Ibersheim, heute der kleinste und vom Zentrum am weitesten entfernte Stadtteil von Worms, kamen die Mennoniten dank des Pfälzer Kurfürsten Karl I. Ludwig (1617–1680). Der überzeugte Calvinist, bekannt für seine religiöse Toleranzpolitik in seinem Herrschaftsgebiet, versuchte, die durch den Dreißigjährigen Krieg (1618–1648) verwüstete Kurpfalz schnell wieder aufzubauen. Zur wirtschaftlichen Förderung seines Landes lockte er Zuzugswillige mit Grundbesitz und Steuerfreiheit. Der Ibersheimer Hof, Keimzelle des Ortes, der auf eine mehr als 1500-jährige Geschichte zurückblickt, war aufgrund des Krieges verlassen und gehörte in jener Zeit zur Kurpfalz; so kam es, dass Karl Ludwig im Jahr 1661 mit Mennoniten, die ursprünglich aus der Gegend um Zürich und Bern stammten, einen Vertrag schloss, der ihre Ansiedlung als Pächter auf dem Hof regelte und der unter seinem Nachfolger Karl II. (1651–1685) in einen Erbpachtvertrag umgewandelt wurde. Wegen seiner Bewohner wurde der Ibersheimer Hof jahrhundertelang auch als „Wiedertäuferhof" bezeichnet, die Verwaltung des kurpfälzischen Besitzes erfolgte über das Oberamt Alzey, das ebenfalls zur Kurpfalz gehörte.

Während des Pfälzischen Erbfolgekrieges geflüchtet, kamen die mennonitischen Familien um 1700 wieder zurück, und es gelang ihnen trotz vieler Widrigkeiten – das Land in unmittelbarer Nähe des Rheins war häufig von Überschwemmungen bedroht –, Ibersheim zu einer landwirtschaftlich blühenden Gemeinde und zu einem wichtigen Zentrum ihrer Glaubensrichtung aufzubauen. Allerdings durften Fremde und Andersgläubige nicht im Ort übernachten, daher entstand 1788 außerhalb der östlichen Dorfmauer ein kleines Fachwerkhäuschen, das als Armen- oder Ammenhäuschen, im Volksmund „Ammenheisje" bezeichnet wird. Dies diente den nicht-mennonitischen Besuchern als kurzzeitige Unterkunft, aber auch der Hebamme, wenn sie nach abendlichem Einsatz nicht mehr den gefährlichen Weg in ihr Heimatdorf Hamm unternehmen konnte. Die Inschrift des Häuschens, kleinstes Heimatmuseum Rheinhessens, lautet: „Noch 1850 waren nachts die Tore zu. Klopfte ein Fremder an, so kam er ohne

Geld wohl versorgt im Ammenhäuschen gut unter.“

1836 weihten die arbeitsamen Gemeindemitglieder ihre heutige Kirche, die einen Vorgängerbau aus dem frühen 18. Jahrhundert ablöste, ein. Das im klassizistischen Stil errichtete schlichte Gebäude an der Menno-Simons-Straße ist die einzige mennonitische Kirche in Süddeutschland, die einen Kirchturm und Kirchenglocken besitzt. Die heutigen Bewohner von Ibersheim können voller Achtung auf ihre Vorfahren blicken, die in politisch und wirtschaftlich schwieriger Zeit die Grundlagen für ein blühendes Gemeinwesen schufen.

In Ibersheim steht die einzige Mennonitenkirche in Süddeutschland, die einen Kirchturm und Kirchenglocken hat.

18 Eines der schönsten Dörfer Rheinhessens
Der Dalberger Turm in Eppelsheim

Nicht nur in Italien oder in Regensburg sind sie anzutreffen, sondern auch in Rheinhessen: die im späten Mittelalter errichteten Wohntürme. Sie dienten gehobenen Wohnbedürfnissen in der Regel adliger Bewohner, ebenso hatten sie eine Funktion als Wehrturm. In Rheinhessen sind sie etwa in Eich, Flörsheim, Kriegsheim, Wachenheim oder Eppelsheim anzutreffen. Eppelsheim ist eine Entdeckung wert, sogar gut erreichbar mit der Bahn, da an der Strecke Worms-Alzey gelegen.

Die nur rund 1.200 Einwohner große Gemeinde „strunzt", wie man hier in Rheinhessen sagt, mit Geschichte: Als fränkische Siedlung erstmals 782 urkundlich erwähnt und jahrhundertelang, bis zur Besetzung der Region Ende des 18. Jahrhunderts durch französische Truppen, Teil der Kurpfalz, ist die Gegend eine Attraktion bei Paläontologen; gefunden wurden hier zwischen 1820 und 1835 fossile Säugetiere aus zehn Millionen Jahre alten Ablagerungen. Dem interessierten Besucher sei das 2001 eröffnete Dinotherium-Museum im Eppelsheimer Rathaus empfohlen; es präsentiert und erläutert Originalfunde aus dem Ur-Rhein, auch einen fossilen Menschenaffen, den „Paidopithex rhenanus".

Wer nicht ganz so tief in die Geschichte eintauchen möchte, der möge den Dalberger Turm bestaunen. Ja, die reichsweit bedeutenden Dalberger, die in Eppelsheim Güter mit ausgedehntem Landbesitz besaßen, waren Bauherren dieses bemerkenswerten Wohnturms am nordöstlichen Ortsrand, residiert allerdings haben sie hier nie. Vertreter der jüngeren Linie der weit verzweigten Familie, die als Kämmerer von Worms und mit wichtigen Positionen in die Geschichte eingingen, ließen den Dalberger Turm um 1500 als Wohn- und Wehrturm für das Wormser Domstift errichten. Einst von einem Wassergraben umgeben, besteht der aus Kalksteinen gemauerte Turm aus dem Erdgeschoss und fünf Obergeschossen. Die Grundfläche beträgt 100 Quadratmeter, die unteren Mauern sind bis zu 1,20 Meter dick. Die Gewände der wenigen Fenster sind aus rotem Sandstein, nur noch das obere Stockwerk verfügt auf der Westseite über eine Schießscharte. Das heutige Zeltdach löste ein ursprünglich steiles Dach ab. Der Eingang zum Turm war nicht ebenerdig, sondern im ersten Stock und somit nur über eine Leiter oder bewegliche Treppe erreichbar. Vor allem bei Gefahr diente der zusätzlich von einer Wehrmauer umgebene Turm als Rückzugsort, ansonsten als Getreidespeicher und Lager.

Wie zahlreiche andere Bauten im linksrheinischen Deutschland, die sich bislang in Adels- oder kirchlichem Besitz befunden hatten, wurde der Dalberger Turm 1805, also während der französischen Zeit, veräußert und gelangte in Privatbesitz. Eine umfangreiche Sanierung des denkmalgeschützten Turms

Stein auf Stein geschichtet – der Dalberger Turm in Eppelsheim erzählt Geschichte und Geschichten.

erfolgte 1979. 1988 wurde der Dalberger Turm aufgenommen in die „Haager Konvention zum Schutz von Kulturgut bei bewaffneten Konflikten“, damit steht er als Denkmal, das „für das kulturelle Erbe der Völker von großer Bedeutung“ ist, unter besonderem Schutz.

Der dem Turm benachbarte Dalberger Hof bietet in rekonstruiertem Ambiente ein gehobenes Hotel; dort sind im Angesicht des Mittelalters Tagungen, Konzerte, Hochzeiten etc. in idyllischer Lage möglich. Dieser besondere Ort ist auch ein idealer Ausgangspunkt für einen Spaziergang entlang des Dorfgrabens, der einst von Ulmen bepflanzt war und der zum sehenswerten Ortskern führt. Eppelsheim gehört zu den wenigen Orten Rheinhessens, die sogar auf Bundesebene beim Wettbewerb „Unser Dorf soll schöner werden“ eine Goldmedaille erhalten haben (1993) – zu Recht, wie der Besucher nach der Dorfbesichtigung urteilen kann.

19 Aus Feindschaft wird Freundschaft
Die Franzosen am Oberrhein

Die deutsch-französischen Beziehungen werden zu oft aus heutiger Sicht und bezogen vor allem auf das 20. Jahrhundert beurteilt, doch um ein Gespür für das wechselvolle Verhältnis zu bekommen, muss man in der Geschichte beider Völker weiter zurückblicken. Es waren insbesondere zwei französische Herrscher, die die Geschichte der Gebiete rechts und links des Rheins und ihrer Menschen beeinflussten: König Ludwig XIV. (1638–1715) und Napoleon Bonaparte (1769–1821).

Ludwig XIV. provozierte den Pfälzischen Erbfolgekrieg (1688–1697), in dem die deutschen Gebiete bis zum Rhein systematisch von seinen Truppen verwüstet wurden. Sein Ziel lautete: Der Rhein solle die natürliche Grenze Frankreichs im Osten sein. Ein Stück weit hatte er Erfolg. Auch wenn Frankreich im Frieden von Rijswijk (1697) eroberte Gebiete im Südwesten Deutschlands räumen musste, so wurden doch Elsass und die bislang freie Reichsstadt Straßburg französisch. Besonders betroffen von den Zerstörungen waren neben der Kurpfalz mit seiner Hauptstadt Heidelberg die Städte Alzey, Oppenheim und Worms.

Rund 100 Jahre später kamen erneut französische Truppen an das linke Rheinufer und beschossen Worms und Mainz. 1793 entstand die kurzlebige Mainzer Republik. Nach einem ständigen Hin und Her zwischen französischen Revolutionstruppen und den deutschen Koalitionstruppen erhielt im Frieden von Campo Formio (1797), bestätigt durch den Frieden von Lunévill" (1801), Frankreich die linksrheinischen Reichsgebiete. Damit verschwanden die vielen kleinen Territorialstaaten links des Rheins, der nun zur Grenze wurde. Fortan gehörte das spätere Rheinhessen zum Departément du Mont-Tonnerre (Departement Donnersberg) mit Hauptsitz in Mainz. Amtssprache war nun Französisch – zum Leidwesen der Bevölkerung, die andererseits von Reformen im Rechtswesen profitierte: Im gesamten französisch besetzten Gebiet galt der 1804 eingeführte Code civil (Code Napoleon); abgelöst wurde diese Rechtsordnung übrigens erst im Jahr 1900 mit dem Bürgerlichen Gesetzbuch. Unter Napoleon verlor die Kirche an Macht und Ansehen. Der Staat übernahm die Schulaufsicht, möglich waren nun die Zivilehe und die Ehescheidung. Güter (Gebäude und Grundbesitz), die bislang der Kirche bzw. einem Orden gehört hatten, wurden als Nationalgüter an Privatpersonen versteigert, die Pfarrer mussten gegenüber dem (französischen) Staat einen Treueeid leisten.

Die wenigen Jahre der französischen Besatzung waren von positiven, aber auch negativen Aspekten geprägt. Die Einführung der allgemeinen Wehrpflicht (1802) gehört zu den unerfreulichen Belastungen jener Jahre: Junge Männer wurden nun zur Grande Armée herangezogen und mussten an den Feldzügen Napoleons teilnehmen. Während der französischen Besatzung von Mainz wurden aufgrund ihrer Zerstörung die Liebfrauenkirche und die Jesuitenkirche sowie das gotische Kaufhaus und das barocke Lustschloss Favorite beseitigt. Kirchen und Adelspalais wurden zweckentfremdet und dienten als Lager, Kaserne oder Verwaltungsgebäude.

Mit der Völkerschlacht von Leipzig (Oktober 1813) trat die französische Armee ihren Rückzug an, der Wiener Kongress (1814/15) beendete die französische Besatzung des linksrheinischen Deutschlands; Rheinhessen wurde Teil des Großherzogtums Hessen-Darmstadt. In den 1840er-Jahren gab es in Frankreich erneut Bestrebungen, das Territorium bis an den Rhein auszuweiten. Sogar Victor Hugo (1802–1885), einer der bedeutendsten französischen Schriftsteller des 19. Jahrhunderts, der 1840 auf seiner Rheinreise auch in Mainz und Worms Station machte, meinte: „Dieses Motiv der Feindseligkeit ist das Geschenk des linken Rheinufers an Deutschland. Dieses linke Rheinufer gehört aber auf natürliche Weise Frankreich."

Der von Frankreich ausgegangene Deutsch-Französische Krieg 1870/71 bedeutete auch für die rheinhessischen Männer Kriegseinsatz, Verwundung, gar Tod. Mit großem Jubel wurde daher die von Otto von Bismarck (1815–1898) betriebene Gründung des Deutschen Kaiserreichs (Januar 1871) begrüßt.

Nach dem Ersten Weltkrieg (1914–1918) übernahmen gemäß Versailler Vertrag die Franzosen als Besatzungsmacht das linke Rheinufer. Anlässlich ihres Abzugs fanden in allen größeren Orten Rheinhessens in der Nacht vom 30. Juni auf den 1. Juli 1930 Fackelzüge und Feuerwerke statt; gefeiert wurde die „Rheinlandbefreiung". Ein weiteres Mal waren französische Besatzungstruppen nach dem Zweiten Weltkrieg (1939–1945) am Rhein stationiert, bis zur Gründung der Bundesrepublik Deutschland im Mai 1949 war Rheinhessen Teil der französischen Besatzungszone.

Der von einem Rebenmeer bei Wörrstadt umgebene 15 Meter hohe Burgunderturm wurde 2011 anlässlich der 25-jährigen Partnerschaft zwischen Wörrstadt und Arnay-le-Duc/Burgund errichtet.

Doch längst herrscht Frieden zwischen den einst verfeindeten Nationen, die deutsch-französischen Städtepartnerschaften blühen, und Burgund ist eine Partnerregion Rheinhessens.

20 Der deutsche Jakobiner
Georg Forster und die Mainzer Republik

In der deutschen Geschichte gab es die Weimarer Republik, die Deutsche Demokratische Republik (DDR) – und die Mainzer Republik. Dieses bemerkenswerte, wenn auch sehr kurzlebige Staatswesen entstand infolge des 1792 begonnenen Ersten Koalitionskrieges, maßgeblich initiiert durch Georg Forster. Forster, 1754 als Sohn eines Pfarrers bei Danzig geboren, ist keine 40 Jahre alt geworden, doch wie nur wenige seiner Zeitgenossen hat er viel erlebt, viel von der Welt gesehen.

Georg Forster (1754–1794) war ein führender Kopf der kurzlebigen Mainzer Republik.

Bereits als Kind lernte er in St. Petersburg Russisch und in London Englisch. Mit seinem Vater Reinhold Forster (1729–1798) begleitete er 1772 den englischen Seefahrer James Cook (1728–1779) auf dessen zweiter Weltumsegelung. Zahlreiche botanische, völker- und naturkundliche Schriften waren das Ergebnis dieser vierjährigen Tour in Welten, die bislang kaum ein Europäer gesehen hatte. Seine in mehreren Sprachen erschienene „Reise um die Welt" bildet den Anfang der modernen Reiseliteratur. Bereits in jungen Jahren vielfach ausgezeichnet, lehrte er von 1778 bis 1784 in Kassel Naturgeschichte, anschließend drei Jahre lang als Professor im litauischen Wilna. Mainzer Boden betrat er erstmals 1788, als er die Stelle eines Oberbibliothekars an der Universität antrat. Von hier aus unternahm er wenige Monate nach der von ihm bejubelten Französischen Revolution (1789) mehrere Studienreisen mit Alexander von Humboldt (1769–1859).

Als die französische Revolutionsarmee im Oktober 1792 Mainz besetzte, begrüßte er die „neue Zeit" und trat dem im kurfürstlichen Schloss gegründeten Mainzer Jakobinerclub („Gesellschaft der Freunde der Freiheit und Gleichheit") bei; die Ideale der Französischen Revolution sollten auch auf deutschem Boden verwirklicht werden. In einer „Club"-Rede scheute sich Forster nicht, den

An die Mainzer Republik erinnert westlich des rheinland-pfälzischen Landtags und der Staatskanzlei ein Platz.

Rhein als natürliche Grenze Frankreichs zu bezeichnen. Daraufhin ernannte ihn General Adam-Philippe Custine (1740–1793), der in den Wochen zuvor mit seinen Truppen Speyer und Worms eingenommen und dort die „Ketten der Knechtschaft" gesprengt hatte, zum stellvertretenden Präsidenten der vorläufigen Administration. Custine ließ im besetzten Gebiet Wahlen zum Rheinisch-Deutschen Nationalkonvent abhalten; die Abgeordneten aus 130 Gemeinden konstituierten sich am 17. März 1793 im Mainzer Deutschhaus, einer der Delegierten war Georg Forster. Beabsichtigt war für das „linksrheinische Gebiet zwischen Bingen und Landau" die „brüderliche und unzertrennliche Vereinigung" mit Frankreich, also die Loslösung vom deutschen Reichsgebiet und damit vom römisch-deutschen Kaiser. Das neue, nach demokratischen Prinzipien entstandene Staatswesen wurde „Mainzer Republik" genannt und stand unter dem Schutz der französischen Revolutionstruppen. Die Bauern auf dem Lande jubelten, sie sahen sich befreit von den Abgaben an die Patronatsherren und Klöster und setzten Freiheitsbäume. Doch der Freistaat existierte nicht lange, bereits wenige Tage später besetzten preußische Truppen das Gebiet, bis zur Kapitulation der Stadt am 23. Juli 1793 beschränkte sich die Mainzer Republik schließlich nur noch auf Mainz. Zu dieser Zeit hielt sich Forster in Paris auf, als „Vaterlandsverräter" stand er offiziell unter der Reichsacht, so dass er nicht wieder nach Deutschland zurückkehrte. Einsam und verarmt verstarb er im Januar 1794 in Frankreichs Hauptstadt an einer Lungenentzündung.

Im März 2014 wurde anlässlich des 220. Jahrestags der Gründung der Mainzer Republik der Platz vor dem rheinland-pfälzischen Landtag in „Platz der Mainzer Republik" umbenannt. Zwar wurde in Mainz bereits 1880 eine Straße nach Georg Forster benannt, eine umfassende Würdigung seines Lebens und Werks erfolgte jedoch erst in den vergangenen Jahren. Inzwischen sind etliche Straßen und ein paar Schulen nach dem Weltumsegler und Freiheitskämpfer benannt, so auch die Integrierte Gesamtschule in Wörrstadt.

21 Von Mainz nach Paris
Napoleons „Route Impériale"

In anderen Regionen, die einst zu Preußen gehörten, gibt es „Kaiserstraßen", die in der Regel nach seinem Tod 1888 zu Ehren des Deutschen Kaisers Wilhelm I. so benannt wurden. Auch die durch Rheinhessen führende Kaiserstraße ist nach einem Kaiser benannt, allerdings nach Napoleon (1769–1821), seit 1804 Kaiser der Franzosen. Nachdem französische Revolutionstruppen bis Ende des 18. Jahrhunderts das linksrheinische Deutschland besetzt hatten und dieses zunächst der Republik, dann dem Kaiserreich Frankreich angegliedert wurde, wurde im ganzen Gebiet, dem neuen Departement Donnersberg, die französische Verwaltung eingeführt, Französisch war Amtssprache.

In Mainz, nun Hauptstadt des Departements, repräsentierte ab 1802 der Präfekt Jeanbon St. André (1749–1813) als höchster Regierungsbeamter die neue Besatzungsmacht. Schon bald nach Amtsantritt schickte er Napoleon ein Schreiben mit folgendem Anliegen: „Um die Bewohner des Departements Donnersberg mit Frankreich zu verknüpfen, ihnen Sitten, unsere Sprache und die Liebe zu unseren Gesetzen zu geben, bitte ich um Genehmigung zum Neu- und Ausbau einer Straße erster Ordnung von Mainz nach Paris." Allein schon aus militärisch-strategischen Gründen unterstützte Napoleon dieses Vorhaben. Ab 1806 wurde mit dem Bau der Fernstraße begonnen, wobei sie weitgehend in gerader Linie von Ort zu Ort unter Einbeziehung vorhandener Straßen errichtet wurde. Die ganze Landschaft, durch die sich die neue Verbindung von Mainz über Kaiserslautern nach Saarbrücken zog, glich einer Großbaustelle, zu der auch die Bevölkerung herangezogen wurde. Von Saarbrücken zweigte die Straße nach Metz ab, von dort führte sie auf dem bereits bestehenden Weg über Reims nach Paris.

Ab 1811 war die nun „Route Impériale" genannte Straße fertig, an ihren Rändern wurden Obstbäume gepflanzt, die Reisenden Schatten spenden sollten. Die Straße hatte eine maximale Breite von zehn Metern, doch nur die mittleren sechs Meter waren mit Steinen befestigt. Für die damalige Zeit war sie auf jeden Fall eine große Bereicherung, Güter aus dem Inneren Rheinhessens konnten bequem und schnell nach Mainz und damit an den Rhein transportiert werden, sogar eine Schnellpost („Diligence") wurde auf der Strecke eingerichtet. Napoleon selbst nutzte die Straße, vor allem aber waren es die für ihn rekrutierten jungen Männer, die an seinem Feldzug nach Russland teilnehmen und die dann über diesen Weg Abschied von Zuhause nehmen mussten.

Nach dem Ende der Napoleonischen Herrschaft hieß die Straße in fast allen Ortschaften, durch die sie führt, Kaiserstraße, stellenweise auch Mainzer- oder Saarbrücker Straße. In Mainz allerdings hat sie die Bezeichnung „Pariser Straße" erhalten. Die dortige Kaiserstraße, die als prachtvoller Boulevard mit herrschaftlichen Häusern der Gründerzeit bebaut wurde und östlich des Bahnhofs über die Christuskirche zum Rhein führt, wurde tatsächlich anlässlich von dessen 90. Geburtstag 1887 nach Kaiser Wilhelm I. benannt.

Auch nach Napoleons Tod diente die rheinhessische Kaiserstraße, die bis Alzey zum großen Teil auf bzw. entlang einer schon zur Römerzeit existierenden Überlandverbindung verläuft, Soldatenmärschen. So zogen 1849 preußische Truppen nach Kirchheimbolanden, um dort den Freischärleraufstand niederzuschlagen, 1870 marschierten Soldaten aus dem Großherzogtum nach Frankreich, auch im Ersten und Zweiten Weltkrieg nutzten deutsche und dann alliierte Soldaten die Straße für ihre Zwecke. In einer Zeit, als es noch keine Eisenbahn, geschweige denn Autobahnen gab, diente die Kaiserstraße als Orientierung, als schneller Verkehrsweg, als wichtige Handelsroute, auch als Ort von Abschied und Wiederkehr. Im Zuge des Ausbaus des deutschen Straßennetzes im „Dritten Reich" mit Fernverkehrsstraßen und deren Nummerierung erhielt die Kaiserstraße 1934 die Bezeichnung „Reichsstraße 40"; sie führte ab Saarbrücken über Mainz und Frankfurt nach Fulda. In der Bundesrepublik war sie die Bundesstraße 40 (B 40), die aber auf fast der gesamten Strecke durch die Autobahnen A 6 (Saarbrücken–Mannheim) und A 63 (Kaiserslautern–Mainz) ersetzt wurde; die Teilstrecken der ehemaligen Kaiserstraße wurden zu Landesstraßen herabgestuft.

Parallel zur Kaiserstraße entstand die „Route de Charlemagne" von Finthen über Nieder-Ingelheim und Bingen nach Koblenz. An dieses Straßenbauprojekt erinnert ein 1807 zwischen Nieder-Ingelheim und Wackenheim errichteter Obelisk; namentlich verewigt sind auf diesem bemerkenswerten Stein auch der Initiator der Straße, der Präfekt Jeanbon St. André, sowie der Mainzer Bauunternehmer Jaques Kraetzer. Dank der Autobahnen sind die ehemalige Kaiserstraße und die „Route de Charlemagne" keine Straßen „erster Ordnung" mehr, sondern weniger befahren, so dass man auf ihnen in aller Ruhe mit dem Auto oder dem Rad die Schönheiten Rheinhessens entdecken kann.

Etwas abseits und versteckt steht am östlichen Ortsausgang von Nieder-Ingelheim ein Obelisk, der an den Straßenbau unter Napoleon erinnert.

22 Die erste SMS in Rheinhessen
Der Napoleonturm bei Sprendlingen

Wie mühsam war doch in vergangenen Jahrhunderten die Nachrichtenübertragung ohne Telefon, ohne E-Mail oder SMS, aber sie gab es schon. Bereits in der Antike wurden Informationen mittels Rauch- und Feuerzeichen übermittelt. Geradezu modern waren da die optischen Telegrafen, die Ende des 18. Jahrhunderts aufkamen bzw. perfektioniert wurden.

Der französische Techniker Claude Chappe (1763–1805) entwickelte eine Zeichenübermittlung mit Hilfe schwenkbarer Signalarme. An einem hohen, weithin sichtbaren Mast waren zwei schwenkbare Querbalken montiert, an deren Enden ebenfalls bewegliche Balken angebracht waren, so dass je nach Position und mittels eines bestimmten Codes unterschiedliche Buchstaben übertragen werden konnten, allerdings nur bei Tageslicht. Nach erfolgreichen Versuchen entstand 1794 die erste Telegrafenlinie auf der 270 Kilometer langen Strecke zwischen Paris und Lille. Das System erwies sich als robust und einfach zu bedienen, zudem dauerte die Nachrichtenübertragung nur wenige Minuten, so dass Ende des 18. Jahrhunderts mehrere Telegrafenstrecken in Frankreich eingerichtet wurden; mit der Linie Straßburg–Metz war auch das Elsass an das landesweite Netz angeschlossen. Um 1800 gehörte das heutige Rheinhessen zu Frankreich, folglich entstand auch hier eine Verbindung, an der insbesondere das Militär Interesse hatte. Diese optische Telegrafenlinie zweigte bei Metz ab und wurde am 29. Mai 1813 in Betrieb genommen. Die Strecke verfügte, abhängig von den Sichtverhältnissen, im Abstand von zehn bis zwölf Kilometern über 22 Stationen, die alle mit Fernrohren ausgestattet waren, und verlief rund 230 Kilometer nordöstlich nach Mainz. Von Mainz, der Hauptstadt des Departements Donnersberg, konnten nun behördliche und militärische Informationen bis nach Paris, der Hauptstadt des Kaiserreichs Frankreich, übermittelt werden, und zwar deutlich schneller, als das bislang mit berittenen Boten möglich war.

Die Endstation bzw. der Beginn der Telegrafenlinie in Mainz befand sich zunächst auf dem Drususstein innerhalb der Zitadelle, ab Oktober 1813 war der Glockenturm der Stephanskirche mit einem Signalmast ausgerüstet. Mit Sauerschwabenheim und Sprendlingen standen zwei weitere Stationen auf heutigem rheinhessischem Gebiet. An jedem dieser Orte bearbeiteten zwei „Telegrafisten“ die eingehenden Zeichen und gaben sie an die Nachbarstation weiter. Doch das damals moderne Kommunikationsmittel hatte nur eine kurze Lebensdauer: Eine erste Unterbrechung erfolgte in der Neujahrsnacht 1814, als preußische Truppen unter Generalfeldmarschall Gebhard Leberecht von Blücher (1742–1819) auf ihrem Marsch nach Paris Kreuznach erreichten. Wenige Tage später, als russische und deutsche Koalitionstruppen Mainz einnahmen und die Franzosen zur Kapitulation

Zwischen Sprendlingen und Ober-Hilbersheim erinnert die Rekonstruktion eines optischen Telegrafen an die Nachrichtenübermittlung um 1800.

zwangen, beendeten die Preußen den Betrieb der Telegrafenlinie Mainz–Metz und zerstörten sie.

Erst 1830 eröffnete Preußen, führende Macht im Deutschen Bund, eine Telegrafenlinie zwischen Berlin und Potsdam, die in den folgenden Jahren bis Köln und Koblenz ausgebaut wurde. Ab der Mitte des 19. Jahrhunderts verdrängte jedoch die effektivere Morsetelegrafie das System der optischen Telegrafie. Bis zur Jahrhundertwende wurden flächendeckend Telegrafenmasten entlang der vielen Eisenbahnstrecken errichtet, doch auch die haben längst ausgedient.

Im Juli 2014, 200 Jahre nach dem Ende der Telegrafenlinie, weihten die Verbandsgemeinde Sprendlingen-Gensingen sowie die Arbeitsgruppe Rheinhessen-Zellertal die Rekonstruktion einer historischen Station ein. Aus Sicherheitsgründen sind die Signalarme starr. Der zwischen Ober-Hilbersheim und Sprendlingen gelegene Turm, Napoleonturm genannt, ist nicht nur ein origineller Aussichtsturm mit herrlichem Blick auf das rheinhessische Tafel- und Hügelland, er erinnert auch an die Anfänge der modernen Nachrichtenübermittlung über weite Strecken.

23 In Wien geboren
Die Provinz Rheinhessen

Heutzutage ist uns allen die demokratisch gewählte „Obrigkeit" bekannt. Wir wissen, wer unser Land regiert und wie die Damen und Herren Politiker aussehen. Der Bundespräsident und der Bundeskanzler erscheinen zwar selten in Rheinhessen, doch die Landespolitiker sind präsent. In früheren Jahrhunderten dagegen waren die Landesherren höchsten dem Namen nach bekannt, wie sie aussahen, wusste die Bevölkerung in der Regel nicht. Immerhin trat nach der territorialen Neuordnung Mitteleuropas auf dem Wiener Kongress 1814/15 und dem damit verbundenen Ende der Kleinstaaterei auch für unser bislang zersplittertes Gebiet eine gewisse politische Stabilität ein.

Die neu geschaffene Provinz Rheinhessen mit ihren rund 160.000 Bewohnern war nun Teil des Großherzogtums Hessen-Darmstadt. Zwar war die Autorität „vor Ort" der jeweilige Bürgermeister, doch Landesherr war fortan der jeweilige Großherzog.

Der erste Vertreter dieser neuen Epoche war Großherzog Ludwig von Hessen-Darmstadt (1753–1830). Per Vertrag erhielt dieser im Juli 1816 mehr widerwillig als erfreut – als Ausgleich für das an Preußen abgetretene Herzogtum Westfalen – das Gebiet um Bingen, Alzey, Mainz und Worms, jene Region, die seitdem als Rheinhessen bezeichnet wird; auch aus diesem Grunde nannte sich der Landesherr nun „Großherzog von Hessen und bei Rhein". Er residierte im rechtsrheinisch gelegenen Darmstadt. Ludwig I., im brandenburgischen Prenzlau geboren und im Geiste des Absolutismus erzogen, hielt sich vor seinem Amtsantritt 1790 (zunächst noch als Landgraf Ludwig X. von Hessen) in Buchsweiler/Elsass, Leiden/Südholland und Weimar auf, einen Bezug zur Region hatte er bisher nicht. Mit dem überraschenden Erwerb Rheinhessens versprach er den Bewohnern seiner neuen Provinz die Beibehaltung der Errungenschaften aus der „Franzosenzeit": Zivilehe, Öffentlichkeit der Gerichtsverfahren, Schwurgerichte. Die „Wormser Zeitung" verkündete, man sei froh, „einem Regenten zuteil geworden zu sein, der so liebevoll" sich nähere und der „Aussichten auf eine frohe gedeihliche Zukunft" eröffne. Ludwig I. regierte bis 1830, er und seine Nachfolger nutzten das barocke „Deutschordenshaus" in Mainz als Nebenresidenz.

Sein Sohn Ludwig II. (1777–1848) setzte zwar die Reformtätigkeit seines Vaters fort (dieser hatte 1820 eine Verfassung erlassen), doch den revolutionären Unruhen im Lande begegnete er machtlos, so dass er im März 1848 die Regentschaft seinem Sohne übertrug; wenige Wochen später verstarb er. Im Großherzogtum galt das Dreiklassenwahlrecht, d. h. das politische Mitspracherecht des Einzelnen war an sein Steueraufkommen gebunden. So wählten die wenigen Mitglieder der

Der letzte regierende Großherzog von Hessen-Darmstadt: Ernst Ludwig mit seiner Frau Eleonore und den Söhnen Georg Donatus (l.) und Ludwig (r.).

wohlhabenden ersten Klasse die gleiche Anzahl an Gemeinderäten wie die größte, aber finanziell schwächste dritte Klasse. Es herrschte ein konservativer Geist im Land, weit entfernt von unserem heutigen Demokratieverständnis.

Landesherr war Mitte des 19. Jahrhunderts Ludwig III. (1806–1877), ein Monarch, der das Regieren hauptsächlich seinen Ministern überließ. Im Deutsch-Deutschen Krieg 1866 stand er auf Seiten Österreichs, das schließlich den Krieg verlor. Hessen-Darmstadt blieb zwar souverän, musste sich aber dem Norddeutschen Bund unter preußischer Führung anschließen. 1868 zog sich Ludwig III. ganz aus der Politik zurück zugunsten seines Neffen. Der 1837 geborene Ludwig IV. war ältester Sohn des Prinzen Carl von Hessen; als Großherzog regierte er von 1877 bis 1892. Unter seiner Regentschaft nahm Rheinhessen einen wirtschaftlichen und kulturellen Aufschwung. In den Städten florierten die Unternehmen, eine rege Bautätigkeit fand allerorten statt; es entstanden kommunale Bauten, Arbeitersiedlungen, großbürgerliche Villen, Kirchen und Kasernen. Mainz mit rund 72.000 Einwohnern (1890) war die größte Stadt im Großherzogtum, es folgten Darmstadt, Offenbach, Worms und Gießen. Die Landesherrn kamen gerne zu Einweihungsfeiern von Denkmälern oder Brücken, so besuchte Großherzog Ernst Ludwig (1868–1937) Worms anlässlich der Inbetriebnahme der nach ihm benannten Rheinbrücke im März 1900 oder Mainz im Mai 1904 zur Eröffnung der Kaiserbrücke.

Noch heute sind die Namen der Großherzöge und ihrer Frauen präsent: In vielen Ortschaften gibt es eine Ludwigstraße oder einen Ernst-Ludwig-Platz. In Mainz hieß eine Kaserne nach Großherzogin Alice (1843–1878), Tochter der britischen Königin Victoria und Gattin Ludwigs IV., in Worms erinnern die Ernst-Ludwig-(Grund-)Schule und das nach seiner (zweiten) Frau (1871–1937) benannte Eleonoren-Gymnasium an den letzten regierenden Großherzog und seine Gattin.

24 Das Ende der Konfessionsfehden
Die Wörrstädter Union

Auch in Deutschland bekämpften sich in früheren Jahrhunderten die christlichen Konfessionen untereinander, konfliktreich war das Verhältnis zwischen Katholiken und Protestanten, aber ebenso schwierig waren die Beziehungen innerhalb der evangelischen Kirchen. Unabhängig voneinander waren in der ersten Hälfte des 16. Jahrhunderts ein lutherischer und ein reformatorischer Zweig der Reformation entstanden.

Die Lutheraner, ursprünglich eine Bezeichnung der katholischen Kirche für die als Ketzer diffamierten Protestanten, dann eine Selbstbezeichnung für die Anhänger der Lehre Luthers, legten in ihren feierlichen Gottesdiensten großen Wert auf die Predigt und die Abendmahlsfeier. Die Reformierten dagegen, die sich an der Lehre Ulrich Zwinglis (Zürich) und Johannes Calvins (Genf) orientierten, legten Wert auf schlichte Gottesdienste und schmucklose Kirchenräume. Innerhalb der beiden Richtungen bestanden unterschiedliche theologische Auffassungen, auch hinsichtlich der Sakramente. Bereits gegen Ende des 16. Jahrhunderts gab es Bestrebungen einer europäischen Union aller Protestanten, doch erst die Aufklärung und die Folgen der Französischen Revolution halfen, die Bruderkriege zu überwinden und eine Annäherung anzustreben. Die Initiative zur Vereinigung der Lutheraner und Reformierten erfolgte von Land zu Land zu unterschiedlichen Zeiten, aber auch von unterschiedlichen Personen; mal war es die weltliche Macht wie in Preußen, mal die Geistlichkeit.

Die besondere geschichtliche Vergangenheit der Region hatte dazu geführt, dass 1816 in der Provinz Rheinhessen 53 reformierte und 52 lutherische Gemeinden bestanden. In manchen Ortschaften existierten beide Konfessionen nebeneinander, was dazu führte, dass es neben einer katholischen gleich zwei evangelische Kirchen gab. Eine Vorreiterrolle der Vereinigung spielten 17 rheinhessische Pfarrer, die im August 1817 von Dexheim aus mit einem Rundbrief an ihre Kollegen die Überwindung der Spaltung forderten: „Künftighin“ sollten „alle Protestanten dieses Landes sich nur als Glieder einer evangelischen Kirche“ betrachten. Fast alle Pfarrer stimmten diesem Anliegen zu. Ende September 1817 leitete die Mainzer Regierungskommission den Vorschlag zur Vereinigung an das großherzogliche Staatsministerium weiter. In Darmstadt wurden diese Pläne befürwortet unter Voraussetzung einer breiten Zustimmung seitens der Gemeinden. Im Dezember 1818 trafen sich 21 Vertreter der lutherischen und der reformierten Kirche in Wörrstadt, um gemeinsam die Grundlagen einer unierten Evangelischen Kirche in Rheinhessen zu beschließen. Die Ergebnisse dieses Sonderausschusses gingen als „Wörrstädter Union“ in die Geschichte ein. Nach mehreren Beratungen

Eine Gedenktafel am evangelischen Pfarrhaus in der Pfarrstraße erinnert an die Gründung der Wörrstädter Union von 1822.

genehmigte das hessische Ministerium des Innern und der Justiz am 31. Juli 1822 die Union für Rheinhessen. Zugleich wurde als Oberbehörde für die Provinz der Kirchenrat in Mainz errichtet. Ende November desselben Jahres wurde vom Großherzog die „Urkunde über die Vereinigung der beiden bisher getrennt gewesenen protestantischen Konfessionen in der Provinz Rheinhessen zu einer vereinten evangelisch-christlichen Kirche" unterschrieben. Die „Unionsgottesdienste" fanden in ganz Rheinhessen am 25. Dezember 1822 statt. Im übrigen Großherzogtum, später im Volksstaat Hessen existierten weiterhin nebeneinander reformierte, lutherische und unierte Gemeinden.

Rheinhessen mit derzeit vier Dekanaten (Alzey-Wöllstein, Ingelheim-Oppenheim, Mainz und Worms-Wonnegau) gehört zur 1947 gegründeten Evangelischen Kirche in Hessen und Nassau, die eine von neun unierten Landeskirchen in Deutschland ist. Der Ursprung der „Vereinigten Evangelisch-Christlichen Kirchen" in Rheinhessen liegt in Wörrstadt. Damals endeten Konfessionsfehden; ohne Vorbehalte waren nun auch Ehen zwischen Männern und Frauen lutherischen und reformierten Glaubens möglich.

25 Der Chausseebau in Rheinhessen
Die Dolgesheimer Säule

In einigen Orten Rheinhessens, so in Eich oder südlich von Alzey, bei Nieder-Olm und Gau-Bickelheim, zwischen Wöllstein und Wörrstadt, in Dolgesheim oder zwischen Pfeddersheim und Hohen-Sülzen, stehen Denkmäler, die auf den ersten Blick an Kriegerdenkmäler des 19. Jahrhunderts erinnern. Tatsächlich aber sind es Denksteine, die einer friedlichen Errungenschaft gewidmet sind, nämlich dem Straßenbau um 1830.

Zwar waren mit der „Kaiserstraße" (ab 1806) von Mainz nach Kaiserslautern und der „Route de Charlemagne" (ab 1807) von Mainz über Bingen und Koblenz nach Nimwegen zwei Fernverbindungen bereits unter Napoleonischer Herrschaft errichtet worden, doch Wege von Ort zu Ort waren kaum vorhanden bzw. in einem maroden Zustand. Wenige Jahre, nachdem die linksrheinische Region dem hessischen Großherzogtum zugeschlagen worden war, gab Darmstadt „grünes Licht" für Investitionen in der aufstrebenden Provinz. Die Inhalte einer neuen Politik ergeben sich aus Wilhelm Hesses 1835 veröffentlichter Schrift „Rheinhessen in seiner Entwicklung von 1798 bis Ende 1834". Der hohe Beamte der Mainzer Provinzialverwaltung blickte in seinem „statistisch-staatswirtschaftlichen" Bericht zurück und meinte, dass nun die Ziele seiner Tätigkeit verwirklicht seien, nämlich „jeder wahrhaft Notleidende" sei „durch die Hilfe und Sorge der Verwaltung geschützt und gesichert", jede Gemeinde habe „guten, oder doch wenigstens befriedigenden Unterricht", es sei „kein schlechtes Schulhaus mehr vorhanden" und „alle größeren und kleineren Verbindungswege" befänden sich „in vollkommen gutem Zustande".

Nachdem Rheinhessen ein einheitliches Verwaltungsgebiet geworden war, frei von Zollschranken innerhalb dieses Gebietes, sollte der Handel mit einem modernen Straßennetz gefördert werden. Die Kosten des Wegebaus, der zugleich ein riesiges Arbeitsbeschaffungsprogramm war, trugen die Gemeinden mit einem Anteil von etwa Dreiviertel, die Regierung übernahm den Rest. Das größte Straßenprojekt der Zeit war die 1820 begonnene und 1830 vollendete Gaustraße, die von Mainz über Alzey nach Worms führt. Gau ist eine germanische Bezeichnung und bedeutet Gegend, Landschaft. In Rheinhessen gibt es sieben Orte mit der Vorsilbe Gau: Gau-Algesheim, Gau-Bickelheim, Gau-Bischofsheim, Gau-Heppenheim, Gau-Köngernheim, Gau-Odernheim und Gau-Weinheim. Das Präfix dieser waldarmen Orte dient der Unterscheidung zu den westlich gelegenen, namensgleichen und waldreichen Gemeinden wie Waldalgesheim, Waldböckelheim oder Odernheim/Glan. Aus Sicht der Mainzer und Wormser war der Gau das Gebiet außerhalb ihrer Stadtgrenzen. Bekannt ist der Wonnegau im südlichen Rheinhessen, der heute die Verbandsgemeinden Eich, Monsheim,

Zahlreiche Denkmäler erinnern an den Chausseebau in Rheinhessen, hier die Dolgesheimer Säule von 1831.

Wonnegau (Gemeinden um Osthofen und Westhofen) sowie das Umland von Worms umfasst.

Die ursprünglich 46 Kilometer lange Gaustraße begann in Mainz am Schillerplatz (in Nähe des Gautores, das wiederum Teil der frühbarocken Festungsanlage war) und endete am Martinsplatz in Worms, ihr Verlauf entsprach weitgehend der heutigen Landesstraße 425. Die meist geradlinige Gaustraße überwindet zahlreiche Höhenunterschiede, führt aber, von wenigen Ausnahmen abgesehen, an den Ortschaften vorbei. Die Breite der wetterfesten Provinzialstraße lag bei 7,50 bis acht Meter, wobei nur die Mitte auf einer Breite von vier Metern befestigt war; stellenweise war sie von Fußwegen begleitet. Entlang der Gaustraße wurden fast 8.200 Bäume gepflanzt. Über weite Teile hat die einst bedeutende Fernverkehrsstraße ihren Namen beibehalten, auch heißen einige Straßen, die auf sie treffen, ebenfalls Gaustraße (Bechtheim, Bodenheim, Oppenheim). Zum Abschluss des außerordentlichen Bauprojekts wurde 1831 am südlichen Ortsausgang von Dolgesheim eine klassizistische Säule errichtet; sie enthält die Namen der 40 Gemeinden (von Abenheim über Blödesheim und Mainz bis Zornheim), die sich an der Finanzierung beteiligt haben.

Wie die anderen imposanten Denkmäler erinnert auch die Dolgesheimer Säule noch heute an den flächendeckenden Straßenbau zwischen 1820 und 1830, der, wie der Eisenbahnbau wenige Jahre später, Wegbereiter der Industrialisierung Rheinhessens in der ersten Hälfte des 19. Jahrhunderts war und die Grundlage für das heutige Straßennetz schuf.

26 Dem Vater Rhein ein Bett gegeben
Die Rheinbegradigung

Etwa zeitgleich zum Straßenbau fand ein weitaus größeres Bauprojekt statt, von dem auch Rheinhessen betroffen war – die Rheinregulierung zwischen Worms und Bingen. Bereits 1809 hatte der Ingenieur Johann Gottfried Tulla (1770–1826), Leiter der badischen Oberdirektion des Wasser- und Straßenbaus, Pläne zur Begradigung des Oberrheins vorgelegt. Dieser folgenreiche Eingriff in die Landschaft erfolgte ab 1817 und führte in jahrzehntelanger Arbeit zu einem völlig veränderten Flussverlauf zwischen Mannheim und Basel.

Im Großherzogtum Hessen war der Landschaftsarchitekt und Oberbaurat Prof. Claus Kröncke (1771–1843) für die Rheinbegradigung zuständig. Eine solche Baumaßnahme schien sinnvoll, da die Bewohner am Rhein immer wieder von Hochwasser, Dammbrüchen und Sumpffieber betroffen waren. Auch war der Oberrhein bislang nur für die Flößerei und als Fischgewässer bedeutsam, die aufkommende Dampfschifffahrt war zunächst nur auf dem Abschnitt zwischen Köln und Koblenz möglich, ab 1826 verfügte auch Mainz über eine Dampfschifffahrtsgesellschaft und eine entsprechende Anlegestation. Die 1823 vorgelegten Plänen Krönckes sahen ein rund 300 Meter breites Flussbett für den Rhein vor.

Nachdem zahlreiche Grundstücke aufgekauft worden waren, begann der Bau am 1. März 1828 mit dem fast vier Kilometer langen Durchstich bei Guntersblum, wo der Fluss einen großen Bogen um den Kühkopf machte. Bisher hatten die Nackenheimer Leinenreiter hier mit Hilfe ihrer Pferde die Schiffe an langen Leinen vom Ufer aus stromaufwärts gezogen, daran erinnern noch heute einige „Leinpfad“ genannte Wege entlang des Rheins. Mit dem Durchstich wurde der Kühkopf vom westlichen Ufer abgetrennt und zu einer Insel, die, seitdem von einer Altrhein-Schlinge umgeben, das größte Naturschutzgebiet Hessens darstellt. Am 30. April 1829 wurde die Strecke eröffnet, zehn Jahre später fuhr auf diesem Rheinabschnitt der erste Raddampfer.

Gegen Ende des Jahrhunderts war die Rheinbegradigung vollständig abgeschlossen, zwischen Basel und Bingen hatte sich der Fluss um 81 Kilometer verkürzt, ab 1907 war er von Basel ab schiffbar. Nun entwickelte sich die Schweizer Stadt zu einem wichtigen Standort chemischer Fabriken, ebenso profitierte die 1865 gegründete BASF bei Ludwigshafen erheblich von dem begradigten Flussverlauf. Auch Mainz gewann an Bedeutung: Ab 1880 wurden der Zoll-, der Binnen- und der Floßhafen angelegt, mit dem Ausbau des Ufers wurden die Mainzer Alt- und Neustadt mit neuen Straßen und großzügiger Wohnbebauung erweitert. Ebenso nutzte das 1885 in Ingelheim gegründete Pharmaunternehmen Boehringer den

Eine Karte des Kurfürstentums Mainz (um 1780) zeigt den Rheinverlauf zwischen Mainz und Mannheim vor der Rheinbegradigung.

Fluss als Transportweg seiner Rohstoffe und Endprodukte. Mit der Rheinregulierung wurden Sümpfe trockengelegt, verwertbares Ackerland und Siedlungsflächen hinzugewonnen sowie ein durchgehendes Dammsystem und damit ein für seine Zeit fortschrittlicher Hochwasserschutz geschaffen. Die Ufer wurden mit Steinpflaster befestigt, das aus den Steinbrüchen des Schwarzwalds und des Neckartals gewonnen wurde.

Die Beseitigung von Rheinnebenarmen minimierte die Hochwassergefahr, etwa in Worms, wo der Gießen zugeschüttet bzw. kanalisiert wurde. Seitdem lebt die Erinnerung an diesen Rheinarm, der am Floßhafen abzweigte und an der Liebfrauenkirche wieder in den Fluss einmündete, in einem Straßennamen weiter. Pläne, den Rhein zwischen Mainz und Bingen zu regulieren, wurden nur ansatzweise vorgenommen, so dass dieser Abschnitt als Inselrhein bis heute einen besonderen Charme hat. Zwar führte das gigantische Bauprojekt in der ersten Hälfte des 19. Jahrhunderts auch zu negativen Begleiterscheinungen – Einschränkung der Fischerei, Verlagerung von Hochwasser in den Norden –, doch die Vorteile für eine funktionierende Schifffahrt überwiegen bis heute. War der Tourismus im Zuge der „Rheinromantik" bislang auf den Mittelrhein beschränkt, konnten Ausflugsschiffe nun auch bequem in Mainz, Nierstein, Oppenheim oder Worms anlegen.

27 Ein Wegbereiter der Demokratie
Heinrich von Gagern aus Monsheim

Zwar stehen hie und da repräsentative Adelshöfe und beeindruckende Herrenhäuser, doch war Rheinhessen nie eine Landschaft herrschaftlicher Schlösser, im Gegensatz zu Oberschwaben, Brandenburg oder dem Münsterland. Eines der vergleichsweise bescheidenen Schlösser befindet sich in Monsheim und war einst Wohnort der Familie von Gagern.

Der heutige Bau, hervorgegangen aus einer ehemaligen, erstmals 1365 erwähnten Wasserburg, stammt aus der Mitte des 16. Jahrhunderts. Ein gut erhaltener, reich verzierter Renaissance-erker kam 1651 hinzu, ebenso entstanden auf dem Anwesen eine Mühle, verschiedene Wirtschaftsgebäude und ein Turm. Das Schloss, das mehrfach seinen Besitzer wechselte und voller Geschichte und Geschichten ist, war jahrhundertelang ein landwirtschaftliches Gut, in der zweiten Hälfte des 20. Jahrhunderts eine Saatzuchtanstalt, und heute dient es als Gestüt.

Zu seinen prominenten Bewohnern gehörte auch Heinrich von Gagern. 1799 in Bayreuth geboren, steht er als „Präsident der Frankfurter Nationalversammlung“ von 1848 in jedem Geschichtsbuch. So reichhaltig die Geschichte des Schlosses ist, so abwechslungsreich und selbstbewusst verlief auch die Biografie Gagerns. Als Kind besuchte er die Kadettenschule in München, die er jedoch als „nutzlos“ empfand, da sie dem Bildungsideal seiner Familie nicht entsprochen habe. Als Jugendlicher nahm er 1815 an der entscheidenden Schlacht gegen Napoleon bei Waterloo teil, anschließend studierte er Jura in Göttingen und Jena, wo er Mitglied der Urburschenschaft war. Im Großherzogtum Hessen wirkte er mit liberalen Ideen als Regierungsrat in leitenden Stellungen im Innen- und Justizministerium, 1832 wurde er erstmals in den hessischen Landtag gewählt, zunächst von den Bürgern des Wahlkreises Lorsch, später von Wählern aus Hungen/Oberhessen und der Stadt Worms; er war Vorsitzender des Finanzausschusses und agierte als redegewandter Oppositionsführer. Doch bereits 1836 zog er sich enttäuscht aus der Politik zurück. Mehrere Jahre lebte er nun als Gutsherr in dem 1780 von seinem Vater erworbenen Schloss Monsheim, in dieser Zeit war er sogar Präsident des Landwirtschaftlichen Vereins für Rheinhessen.

Über eine Nachwahl 1847 kehrte er in den Landtag zurück, zudem war er Mitbegründer der liberalen „Deutschen Zeitung“. Bereits überregional bekannt, schlug seine politische Stunde im Revolutionsjahr 1848: Im März nahm Gagern, inzwischen hessischer Ministerpräsident unter dem neuen Landesherrn, Großherzog Ludwig III., an einem Treffen demokratischer und liberaler Politiker teil („Heidelberger Versammlung“), die das „Frankfurter Vorparlament“ initiierten, dem auch er angehörte. In der Nationalversammlung, die in der Frankfurter

Das Schloss Monsheim war zeitweiliger Wohnort von Heinrich von Gagern, Präsident der Nationalversammlung 1848/49.

Paulskirche tagte, repräsentierte er die liberale „Casino"-Fraktion (Parteien gab es damals noch nicht, die einzelnen Gruppierungen benannten sich nach ihrem Tagungsort, meist Hotels und Cafés). Am 19. Mai 1848 wurde er zum ersten Präsidenten des Paulskirchenparlaments gewählt. Die „Wormser Zeitung" schrieb über ihn, er sei „ein echter, deutscher, erprobter Charakter", der „die Idee des deutschen Parlaments in sich trage".

Gagern plädierte für ein geeintes Deutschland unter Preußens Führung und für eine konstitutionelle Erbmonarchie. Auf seinen Vorstoß hin wählten die Abgeordneten im Juni Erzherzog Johann von Österreich (1782–1859), Onkel des österreichischen Kaisers Ferdinand, zum Reichsverweser, also zum vorläufigen Staatsoberhaupt des „neuen Deutschland". Dieser wiederum ernannte Gagern im Dezember 1848 zum Reichsministerpräsidenten (Regierungschef) sowie zum Innen- und Außenminister. Anfang April 1849 gehörte Gagern der Kaiserdeputation an, die dem preußischen König Friedrich Wilhelm IV. im Namen der Nationalversammlung die Kaiserwürde antrug, doch der Monarch lehnte ab. Dies bedeutete letztlich das Scheitern der Demokratiebewegung und damit auch der Reichsverfassung, die unter maßgeblicher Beteiligung Gagerns zustande gekommen war.

Nach Teilnahme als Major am Schleswig-Holsteinischen Krieg (1850/51) zog er sich ins Privatleben zurück, das er in Heidelberg verbrachte, nachdem er 1851 Schloss Monsheim verkauft hatte. Von 1864 bis 1872 war er Gesandter Hessens in Wien, ab 1868 nochmals Abgeordneter in der zweiten Kammer des hessischen Landtags. Am 22. Mai 1880 verstarb Gagern in Darmstadt, dort liegt er auf dem Hauptfriedhof begraben. Am Eingang zum Schloss Monsheim erinnert am Rundturm eine Gedenktafel an den Wegbereiter der Demokratie in Deutschland und seinen Vater:

„Im Schlosse wohnten Hans Christoph Freiherr von Gagern, 1766–1852, Minister des Hauses Nassau-Oranien, und dessen Sohn Heinrich Freiherr von Gagern, 1799–1880, Präsident der ersten deutschen Nationalversammlung 1848/49. Beide wirkten für ein einiges und freies Deutschland in einem Europa gleichberechtigter Völker."

28 Orgelbau in Rheinhessen
M. Heilmann in Pfaffen-Schwabenheim

Rheinhessen ist reich an identitätsstiftender Kultur, neben der Musik und Literatur gehört dazu auch die bemerkenswerte Orgellandschaft der Region, wie ein Beispiel aus Pfaffen-Schwabenheim zeigt. Bereits ein Hinweisschild an der A 61 weist auf die Stiftskirche St. Mariä in Pfaffen-Schwabenheim hin, die aus der Mitte des 11. Jahrhunderts stammt und ein geschichtsträchtiger Ort ist: seit 1130 Augustiner-Chorherrenstift, mit Einführung der Reformation Kirche der reformierten Gemeinde, ab Ende des 17. Jahrhunderts als Simultankirche genutzt, wenige Jahre später barock ausgebaut, seit 1910 katholische Pfarrkirche.

Architekturgeschichtlich bedeutend ist die heutige Wallfahrtskirche, weil sie den spätromanischen Chor mit dem spätbarocken Kirchenschiff verbindet – man meint, in zwei völlig unterschiedlichen Kirchen zu stehen. Doch eine Besonderheit weit und breit stellt der akustische Schatz der Klosterkirche dar: Die 1779 vollendete Orgel ist die einzig bekannte Orgel des Mainzer Instrumentenbauers Matthäus Heilmann (1744–1817). Das weitgehend original erhaltene Instrument stand zuerst in der katholischen Kirche in Büdesheim, der späteren Taufkirche von Stefan George. Seit 1847 befindet es sich in Pfaffen-Schwabenheim. Die denkmalgeschützte Orgel steht mittig auf der Westempore und ist ein wertvolles Zeugnis des barocken Mainzer Orgelbaus, da es im ganzen Bistum Mainz kaum noch Barockorgeln gibt, deren technische Anlage und deren Pfeifenbestand in so hohem Maße unverändert geblieben sind. Verschont von romantisierenden Umbauten, sind das Gehäuse, die Spiel- und Registermechanik, die Spielanlage und die Windlade aus der Erbauungszeit. Alle Veränderungen am Pfeifenwerk wurden durch die Denkmalpflege ausführlich erfasst und bewertet. Sie gelten als so qualitätsvoll ausgeführt, dass sie bei der notwendigen denkmalpflegerischen Restaurierung nicht wieder rückgängig gemacht wurden. Bemerkenswert ist ebenso der original erhaltene Prospekt.

Dieser Einzigartigkeit stehen in Rheinhessen 37 Orgeln der Orgelbauerfamilie Stumm gegenüber. 1714 gründete Johann Michael Stumm (1683–1747) die weit über die Region hinaus bekannte Werkstatt in Sulzbach/Hunsrück. In der evangelischen Kirche von Nieder-Wiesen bei Wendelsheim steht die älteste und kleinste der hiesigen Stumm-Orgeln (1723). Das letzte rheinhessische Orgelwerk aus der Werkstatt Stumm stammt aus dem Jahr 1818 und beeindruckt in der evangelischen Lambertuskirche zu Wonsheim, gebaut von den Brüdern Carl (1783–1845) und Franz-Heinrich Stumm (1788–1859). Die Stumm-Orgeln waren von so hervorragender Qualität, dass konfessionelle Grenzen keine Rolle spielten; wir finden die Instrumente der Werkstatt Stumm in katholischen und evangelischen Kirchen gleichermaßen,

Ein besonderes Schmuckstück in der Abteikirche von Pfaffen-Schwabenheim ist die 1779 erbaute Orgel von Matthäus Heilmann, hier gespielt von Bernd Braun.

manchmal sogar in zwei Kirchen am selben Ort wie in Dalsheim (1788/1788).

Die größte erhaltene Stumm-Orgel in Rheinhessen schmückt die Augustinerkirche in der Mainzer Altstadt. Wie die 1771 vollendete Kirche hat auch die Orgel das Bombardement des Zweiten Weltkrieges weitgehend überstanden. Das bedeutende Instrument von 1773 besitzt 34 Register auf zwei Manualen, und Pedal, die Spieltraktur und Registertraktur sind mechanisch. Das spätbarocke Orgelgehäuse beeindruckt mit zwei gleich gestalteten Türmen und einem verbindenden Kronwerk. Das Gehäuse, der Spielschrank und 25 der 34 Register sind original erhalten, die restlichen Register und die Balganlage rekonstruiert. Überhaupt haben fast alle historischen Orgeln in Rheinhessen, auch die der Orgelbauer Bernhard Dreymann (1788–1857), Johann Georg Geib (1739–1818), Johannes Kohlhaas (1691–1757) oder Valentin Senn (1684–1745) im Laufe ihres Bestehens eine „Überarbeitung" erfahren, umso mehr stellt innerhalb der vielfältigen rheinhessischen Orgellandschaft die Heilmann-Orgel in Pfaffen-Schwabenheim eine Besonderheit dar, allerdings bedarf sie dringend der denkmalgerechten Restaurierung – Spenden sind herzlich willkommen!

29 Schönster Landschaftspark Rheinhessens
Schloss Herrnsheim

Die Familie von Dalberg, nach der in Mainz der Ältere und der Jüngere Dalberger Hof benannt sind, zählten über Jahrhunderte zu den bedeutendsten Adelsgeschlechtern am Mittelrhein. Zu den wichtigsten Vertretern dieses Ritteradels gehören Karl Theodor von Dalberg (1744–1817), Erzbischof und letzter Kurfürst von Mainz, zudem Fürstprimas von Deutschland, und sein Bruder Wolfgang Heribert von Dalberg (1750–1806), Intendant des Mannheimer Nationaltheaters und Förderer Friedrich Schillers. Eng verbunden ist die Familie mit Worms und Schloss Herrnsheim.

Philipp von Dalberg (1428–1492), Stadtkämmerer von Worms, hatte sich um 1460 eine Burg bei Herrnsheim, etwa fünf Kilometer nördlich des Stadtzentrums, errichten lassen; aus dieser Zeit stammt der untere Teil des Mitte des 19. Jahrhunderts zur Bibliothek umgebauten Turmes. In Folge des Pfälzischen Erbfolgekrieges 1689 und des Koalitionskrieges 1794 mehrfach zerstört, ließ Emmerich Joseph von Dalberg (1773–1833), französischer Minister und Vertreter Frankreichs auf dem Wiener Kongress 1814/15, das Schloss neu errichten. Sein heutiges Aussehen erhielt der Prachtbau im Wesentlichen um 1840 unter dessen Tochter Marie Louise, deren Sohn Lord John Dalberg-Acton (1834–1902) wiederum das Anwesen 1883 an Cornelius Wilhelm Heyl (1843–1923) verkaufte. Der Besitz eines solch repräsentativen Gebäudes war eine ideale Voraussetzung dafür, dass die Industriellenfamilie 1886 in den hessischen Freiherrnstand erhoben wurde. Zu den Besuchern des Schlosses gehörten der Großherzog Ernst Ludwig (1868–1937), dessen Gattin Eleonore (1871–1937) sowie seine Schwester Alix (1872–1918), als

Alexandra Fjodorowna letzte russische Zarin, und deren Mann, Zar Nikolaus II. (1868–1918).

Nach dem Zweiten Weltkrieg diente Schloss Herrnsheim den französischen Besatzungssoldaten kurzzeitig als Kaserne, der „Blaue Salon“ wurde kurzerhand zur Werkstatt für Militärfahrzeuge umfunktioniert. 1958 verkaufte es die Familie von Heyl an die Stadt Worms, seitdem finden dort Empfänge, Vorträge, Seminare oder Konzerte statt. Nach einer grundlegenden Sanierung erstrahlt das Schloss, eines der wenigen Empireschlösser in Deutschland, in alter Pracht. Genauso bemerkenswert wie der Bau ist der ab 1788 angelegte Park, ein Werk des Schwetzinger Hofgärtners Friedrich Ludwig Sckell (1750–1823), der auch den Englischen Garten in München geplant hat. Wo einst ein unscheinbarer kleiner barocker Garten gestanden hatte, zauberte Sckell auf dem rund zehn Hektar großen Gelände eine ungezwungene Wiesen-Wald-Komposition, gemäß seiner Devise: „Die Natur im festlichen Gewande“. Auch dieser Garten im englischen Stil sollte ein optischer Ausdruck der Aufklärung sein. Zwar bewusst konzipiert, sollte der Park eine natürlich gewachsene Landschaft widerspiegeln. Kaum vollendet, verfiel die Anlage angesichts der Revolutionswirren Ende des 18. Jahrhunderts. Doch ab 1811 und dann in regelmäßigen Abständen, zuletzt Ende des 20. Jahrhunderts, wurde der Park originalgetreu instand gesetzt. Das Amorbrünnchen, Bäche, Teiche, eine kleine Insel und schwungvolle Brücken, verschlungene Kieswege und diverse Statuen zwischen dem alten und vielfältigen Baumbestand lassen den Herrnsheimer Schlosspark zu einem Gesamtkunstwerk, zu einem besonderen Landschaftserlebnis werden – nicht nur für die Herrnsheimer beim Abendspaziergang, und zwar zu jeder Jahreszeit, sondern für zahlreiche Besucher aus nah und fern – immerhin ist dieser englische Garten der schönste Landschaftspark Rheinhessens.

Schloss Herrnsheim bei Worms – eines der wenigen Empire-Schlösser in Deutschland.

30 Kühe unterm Kapitell
Das Kreuzgewölbe in Wachenheim

In Wachenheim im Zellertal befinden wir uns im südlichsten Zipfel Rheinhessens, die Nachbargemeinden gehören bereits zur Verbandsgemeinde Kirchheimbolanden und damit zum Donnersbergkreis/ Pfalz. Die Sehenswürdigkeit des Ortes ist das Schlossgut Lüll, ein Weingut (nicht zu verwechseln mit dem nahe gelegenen Schloss Wachenheim an der Weinstraße), das nicht nur mit dem um 1470 erbauten höchsten Wohnturm Rheinhessens und einem prachtvollen, um 1750 angelegten Landschaftspark aufwarten kann, sondern auch mit einer hervorragend renovierten „Kuhkapelle". Etwas vornehmer ausgedrückt handelt es sich hierbei um einen Kreuzgewölbestall.

Diese besonderen Bauwerke sind typisch für und in ihrer Anzahl einmalig in Rheinhessen. Anfang des 19. Jahrhunderts und damit noch zur Napoleonischen Zeit erlebte die Landwirtschaft in der Region einen spürbaren Aufschwung dank neuer Produktionsweisen, die höhere Erträge in der Viehwirtschaft hervorbrachten. Die bisherigen Ställe waren überwiegend in Fachwerkbauweise errichtet, zudem genügten sie den neuen Betriebsgrößen nicht mehr. Die Ausdünstungen der Kühe beschleunigten den Zersetzungsprozess am Baumaterial, und das über ihnen gelagerte Heu erhöhte die Brandgefahr der Ställe. Der allgemeine Wohlstand, der um 1830 auch in der Landwirtschaft spürbar wurde, führte nicht nur zu Aus-, Um- und Erweiterungsbauten der Wohnhäuser, sondern auch zu größeren und modernen Stallungen und Weinkellern.

Der Aufsatz „Über die Errichtung und die Vorzüge leichter Backsteingewölbe (Kreuzgewölbe) statt hölzerner Decken (Gebälke) bei Erbauung von Stallungen, Brennereien, Brauereien, Waschküchen, Remisen etc." eines Osthofener Gutsbesitzers in der „Zeitschrift für die landwirtschaftlichen Vereine des Großherzogtums Hessen" war wegweisend für die flächendeckende Errichtung zeitgemäßer, also feuersicherer, hygienischer und stabiler Gewölbeställe. Staatlich gefördert wurden die Bauprojekte durch Ludwig von Lichtenberg (1784–1845), Präsident der Provinzialregierung für Rheinhessen. In der waldarmen Region boten sich die vorhandenen Sandsteine als Baumaterial für die formschönen Säulen und für die Mauern an. Die schlanken Kreuzgrate spannen sich von Mauer zu Mauer und liegen auf den Kapitellen. Die Tiere standen mit dem Kopf zur Außenwand.

Gebaut wurden kleine Ställe ebenso wie große Bauten mit zwei Säulenreihen, so dass in der Mitte des Raums ein Gang entsteht. Ab 1880 lösten industriell hergestellte gusseiserne Säulen die Sandsteinstützen ab. Rund 300 der liebevoll „Kuhkapellen" genannten Ställe entstanden bis Ende des 19. Jahrhunderts

Zu den rund 200 erhaltenen historischen Kreuzgewölbeställen gehört auch die Weinprobierstube des Schlossguts Lüll im rheinhessischen Wachenheim.

in Rheinhessen; manch ahnungsloser Besucher meint heutzutage, tatsächlich in einer historischen Kapelle zu stehen, so sakral wirken die außergewöhnlichen Bauten mit ihren halbrunden Fenstern. Vorbild dieser Bauten waren tatsächlich die zu Kuhställen zweckentfremdeten Refektorien der säkularisierten Klöster.

Noch immer existieren 200 dieser historischen Kreuzgewölbeställe, so die 1999 gegründete „Interessengemeinschaft Rheinhessische Weingewölbe", die mit kulinarischen und kulturellen Veranstaltungen das rheinhessische Kulturangebot bereichern. Sofern sie nicht mit der Aufgabe landwirtschaftlicher Betriebe in der Nachkriegszeit abgerissen oder wenig beachtet als Lagerraum genutzt wurden, erlebten zahlreiche ehemalige Ställe in den vergangenen Jahren eine aufwändige Sanierung und Umwandlung; in den schmucken „Kuhkapellen" finden Weinproben, Hochzeitsfeiern oder Konzerte und Ausstellungen statt.

Manche „Kuhkapellen", so die im Uexküllhof in Bechtheim, vermitteln einen ursprünglichen Eindruck, da Futtertröge und Jaucherinnen noch vorhanden sind. Zu entdecken sind die Kreuzgewölbeställe in fast jedem Ort Rheinhessens, einige sind als Straußwirtschaften vor allem im Sommer geöffnet, dann lohnt sich das Verweilen bei einheimischen Weinen, Spundekäs und frisch gebackenem Brot. Auf jeden Fall stellen die „Kuhkapellen" eine kulturhistorische Besonderheit unserer Landschaft dar.

31 Vom Gottesacker zum Märchenpark
Der Alsheimer Friedhofspark

Friedhöfe sind ein eher unbeliebter Ort; sie erinnern an Abschied, Verlust, Sterben, Tod, Vergänglichkeit. Doch es gibt auch Ausnahmen, zu denen gehört der historische Friedhof Alsheim an der evangelischen Heidenturmkirche: Er ist ein beschaulicher Ort voller Geschichte und Geschichten.

In dem leicht ansteigenden parkähnlichen Gelände, das sich von der kleinen Kirche zu den Weinbergen erstreckt, stehen sichtbar rund 250 unregelmäßig verteilte Grabsteine, die rund 200 Jahre Kultur- und Sozialgeschichte widerspiegeln. Die meisten Gräber wurden Mitte des 19. Jahrhunderts angelegt. Sie sind aus unterschiedlichem Material – zumeist gelbem und rotem Sandstein oder Granit – und sehr verschieden in der Formensprache. Die wenigsten Steine sind schlicht gestaltet, vielmehr sind zahlreiche Verzierungen und Symbole zu entdecken; Tiere wie die fleißige Biene sprechen für sich, hier ruht, soll das heißen, ein Mensch, der in seinem Leben sehr arbeitsam war. Efeu, Eichenblätter und Rosen stehen für Unsterblichkeit, Sieg (über den Tod), Liebe. Zierleisten, Kränze, Schalen mit Früchten und Blumen und immer wieder die für die Gegend typische Weinrebe gehören zum filigranen Schmuckwerk der kleinen Denkmäler, von denen einige wenige von einem alten schmiedeeisernen Gitter umgeben sind. Ein halber Baumstamm aus Sandstein, um den sich Efeu rankt, bedeutet, hier liegt ein junger Mensch, dessen Leben plötzlich abgeschnitten, all zu früh beendet wurde. Zu den jung Verstorbenen gehört etwa Otto Kirchner, geboren am 10. November 1899, er verstarb im Alter von nur wenigen Wochen bereits am 28. Februar 1900. Doch auch ihm gilt ein ebenso prachtvoller Grabstein wie Friedrich Ludwig Hirsch, 1828 geboren und 91-jährig im Jahr 1919 verstorben.

Die Jahreszahlen auf manchem Stein lassen deutsch-europäische Geschichte hochleben: Da liest man „geboren 1815“ und „verstorben 1870“; das Geburtsjahr erinnert an die Gründung des Deutschen Bundes, das Todesjahr an den Deutsch-Französischen Krieg. Und die Lebensjahre 1848 bis 1918 markieren zwei Revolutionen: die „48er Revolution“, die gerade im Südwesten Deutschlands eine große Rolle spielte, und die Novemberrevolution 1918, die für das Ende der Monarchie und den Beginn der Weimarer Republik steht.

Manche Grabsteine, sofern sie entzifferbar sind, teilen in aller Kürze Lebensgeschichten mit: Von Anna Maria Hirsch erfahren wir, dass sie 1772 in Guntersblum geboren wurde, im Januar 1793 einen Jakob aus Alsheim heiratete und hier 1845 verstarb. Sie stammt aus dem letzten Drittel des 18. Jahrhunderts, genau wie Rudolf Laise (1787–1870). Noch mehr wüsste der erstaunte Besucher gerne über Paul Neumann. Auf seiner Ruhestätte steht unter dem Namen:

Auch die verschiedenartigen Grabsteine auf dem historischen Friedhof in Alsheim erzählen Geschichte und Geschichten.

„Piano-Fabrikant in Moskau, 2.4.1815 – 16.12.1868 in Alsheim, gewidmet von seiner Schwester.“ Auch bei einigen anderen Grabsteinen sind die Berufe der Verstorbenen mitgeteilt, meist steht dann „Lehrer“ oder „Pfarrer“, bei Leonhard Bauth II. heißt es „Großherzoglicher Bürgermeister“.

Manche Widmungsinschriften berühren, sei es bei Kindern oder bei älteren Menschen: „Du bist zwar in des Himmels Frieden, doch viel zu früh von uns geschieden“ oder „Am Grab ist Ruh’, im Leben Schmerz, drum ruhe sanft, du theures Herz. Du wirst noch lang von uns beweint, bis uns der Tod mit dir vereint“.

Längst ist er keine Beerdigungsstätte mehr, dafür entführt der Friedhof in eine untergegangene Epoche, in der der Tod im Alltag weitaus präsenter und die Bestattungskultur eine andere war als heute. Der Verstorbene, so jung er auch war, wurde mit einem kleinen Denkmal „für alle Zeit“ geehrt, er sollte in der Erinnerung der Angehörigen weiterleben, ein „anonymes“ Bestattungsfeld kannte man nicht.

Der Alsheimer Friedhofspark berührt zu jeder Jahreszeit, besonders aber im Frühjahr, wenn einzelne Blumen blühen und duften, oder im Herbst, wenn die milde Oktobersonne durch das bunte Laub scheint und den Sandstein wärmt. Hier kann man einen Märchengarten entdecken, der Geschichte und viele Geschichten zu erzählen hat.

32 Ein Denkmal zur eigenen Ehre
Der Veteranenstein Großwinternheim

Eindrucksvolle Belege für die „Verewigung" einfacher Soldaten sind die sogenannten Veteranen-Denkmäler bzw. Napoleonsteine, die seltene Zeugnisse unserer Geschichte darstellen. Sie erinnern an französische Soldaten aus Südwestdeutschland, d. h. an Männer, von denen die Mehrheit nach einer bestimmten Aushebungsrate während der französischen Annexion des linksrheinischen Gebietes zu Beginn des 19. Jahrhunderts für die Feldzüge Napoleons zwangsrekrutiert wurde.

Für die jungen Männer des besetzten Gebietes, nun Bürger des französischen Kaiserreiches und dessen Militärsystem unterworfen, galt bereits ab 1802 die allgemeine Wehrpflicht. Viele von ihnen mussten an Napoleons diversen Eroberungszügen teilnehmen. Für das Departement Donnersberg geht man davon aus, dass rund 20.000 Männer in der französischen Armee gedient haben; nur die wenigsten sahen ihre Heimat wieder.

Nicht nur in Frankreich war ab 1830 ein zunehmender Kult um den 1821 verstorbenen Napoleon festzustellen, auch in der preußischen Rheinprovinz, der bayerischen Rheinpfalz und in Rheinhessen erinnerte man sich nun gerne an die französische Zeit. Die Kriegszüge mit ihren Schrecken lagen weit zurück, im Rückblick sahen die Überlebenden in ihnen ein Abenteuer, das sie ehrenhaft überstanden hatten. Sie pflegten nun eine Napoleonverehrung, die sich in den Veteranen-Denkmälern widerspiegelte. Den nachfolgenden Generationen sollten solche „Napoleonsteine" verkünden, wer einmal aus der Gemeinde unter der französischen Trikolore in fremden Ländern fern der Heimat für die Ideale eines modernen Staates und eines ehrgeizigen Feldherrn gekämpft hatte und siegreich zurückgekehrt war oder sein Leben gelassen hatte.

Das erste Veteranen-Denkmal wurde im August 1834 in Mainz errichtet, das letzte dieser Art im August 1852 in Eimsheim. Im heutigen Rheinhessen existieren 14 weitere Monumente, u.a. in Worms, Pfiffligheim, Pfeddersheim, Westhofen, Wörrstadt oder Oppenheim. Sie wurden auf inzwischen teils ehemaligen Friedhöfen errichtet, da diese nach der Friedhofsreform der französischen Zeit unter kommunaler Aufsicht standen. Der Tag der Einweihung war in der Regel mit Bedacht gewählt. So fanden die Feierlichkeiten häufig an einem 5. Mai (Napoleons Todestag) oder einem 15. August (Napoleons Geburtstag und zugleich Mariä Himmelfahrt) statt. Der Errichtung solcher Steine war die Gründung von Veteranenvereinen vorausgegangen, die auch bedürftige Kameraden unterstützten.

Die Widmung des Denkmals aus rotem Sandstein in Großwinternheim lautet: „Wir, unter Napoleons Fahnen gedienten Großwinternheimer weihen dieses Denkmal unseren auf dem Felde

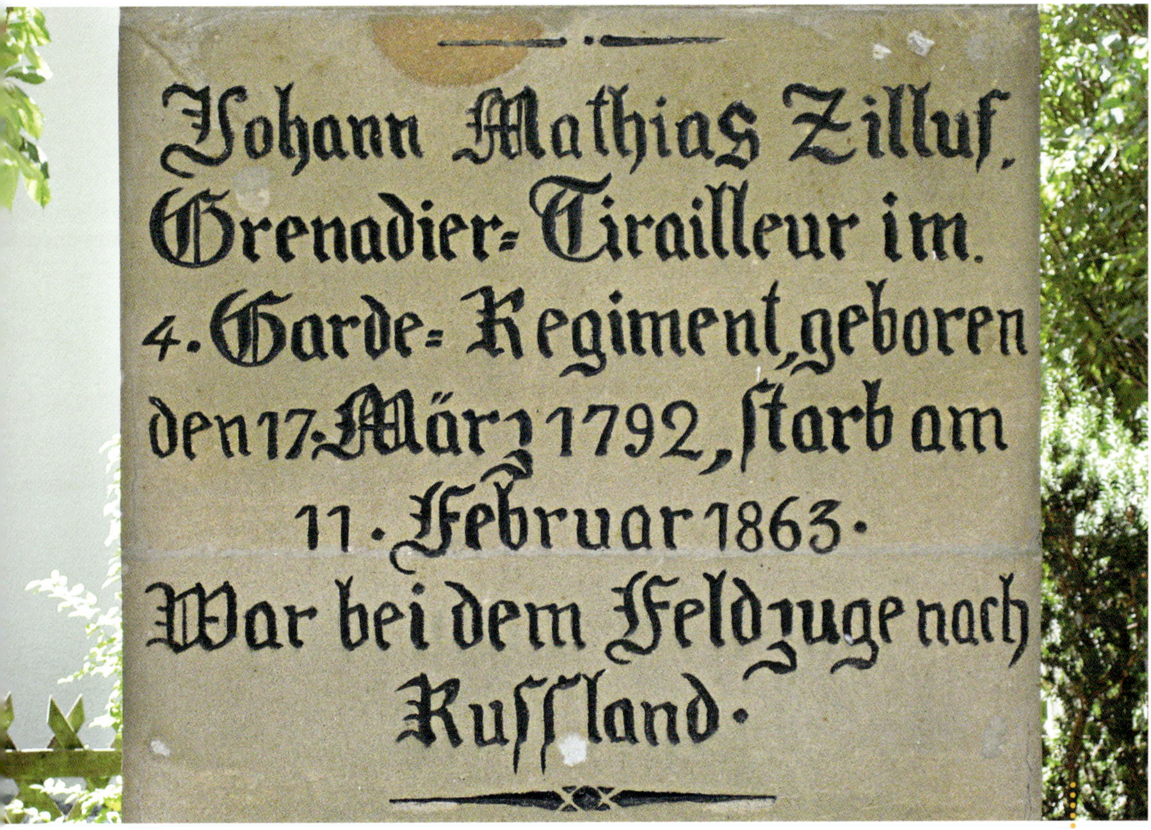

Eine Besonderheit in Rheinhessen sind die Veteranensteine, die sich die ehemaligen Soldaten Napoleons selbst setzten, hier das Denkmal in Großwinternheim.

der Ehre gefallenen Kameraden. Errichtet unter der segensvollen Regierung Sr. Königlichen Hoheit Ludwig II. Großherzogs von Hessen und bei Rhein, den 10. Novbr. 1844".

Die Ehre galt also nicht nur den heimgekehrten Teilnehmern (die Namen der Gefallenen sind hier nicht vermerkt, im Gegensatz zu Oppenheim), sondern auch zwei Herrschern – dem längst verstorbenen französischen Kaiser und dem amtierenden hessischen Landesherrn Ludwig II., der übrigens bei der Krönung Napoleons im Dezember 1804 in Paris anwesend war.

Im Vergleich zu Mainz, Worms oder Westhofen ist das Großwinternheimer Denkmal schlicht. Als einziges Schmuckelement wird es von einem stilisierten Helm bekrönt, dafür werden kurze Lebensläufe mitgeteilt. So erfahren wir über Jacob Schönbeck: „Geb. i. J. 1780, Gest. den 17. Apr. 1852 … machte die Feldzüge gegen England, Preußen, Russland, Spanien, Sachsen mit und war engl. Kriegsgefangener" – ein wahrlich abenteuerliches Leben. Ebenfalls am Feldzug nach Russland hatte in jungen Jahren der 1791 geborene Johann Bauer teilgenommen, nach einem langen Leben verstarb er erst 1880!

Am 5. Mai 1921 fanden an diesen besonderen Denksteinen rheinhessenweit Feiern anlässlich des 100. Todestages Napoleons statt – es war die Zeit der französischen Besatzung nach dem Ersten Weltkrieg.

33 Fortschritt um 1850
Rheinhessen und die Eisenbahn

Hätte man in den 1960er-/70er-Jahren geahnt, welchen Stellenwert die Bahn aus umweltpolitischen Gründen heutzutage hat, wäre so manche Nebenstrecke nicht stillgelegt worden, sondern erhalten geblieben.

Als in Deutschland um 1840 erste Überlegungen zum Eisenbahnbau umgesetzt werden sollten, blickten viele Gemeinden Rheinhessens skeptisch auf das neue Verkehrsmittel, hatten sie doch in den Jahren zuvor viel Geld und Zeit für den Bau neuer Straßen investiert. Im April 1842 stellte die hessische Regierung klar: „Der Bau der Hauptlinien der Eisenbahnen im Großherzogtum wird auf Staatskosten ausgeführt und der Betrieb auf Rechnung der Staatskasse verwaltet. Zu Lokalbahnen werden Konzessionen an Private erteilt, denen der Betrieb unter Aufsicht des Staates überlassen bleibt.“ Doch da das Ausmaß der Strecken größer war als gedacht, wurde auch der Bau der Hauptlinien von der 1845 in Mainz gegründeten privaten Mainz-Ludwigshafener-Eisenbahn-Gesellschaft (später Hessische Ludwigsbahn) übernommen.

Wirtschaftskrisen und die 1848er Revolution verzögerten die Verwirklichung, für die sich insbesondere der Eisenbahn-Pionier Friedrich List (1789–1846) stark gemacht hatte. Er sah in der Rheintalbahn die wirtschaftliche und militärische Stärkung Rheinhessens und der Pfalz. Bislang war Mainz nur indirekt an das Eisenbahnnetz angeschlossen, und zwar mit dem rechtsrheinisch gelegenen Bahnhof Kastel (1840), über den man mit der Taunusbahn, die erste im Rhein-Main-Gebiet in Betrieb genommene Bahn, nach Frankfurt, dann auch nach Wiesbaden gelangen konnte. Strecken in der benachbarten Pfalz und durch das rechtsrheinische Hessen mit der Rhein-Neckar-Bahn (Frankfurt–Heidelberg) waren bereits verlegt, als endlich auch in Rheinhessen mit der im August 1853 fertiggestellten, 46 Kilometer langen Stammlinie Mainz–Worms die „neue Zeit“ begann. Auf der zunächst eingleisigen Strecke entlang des Rheins verkehrten anfangs täglich sechs Personenzüge in jede Richtung. Ab Mainz ging es mit Dampfschiffen Richtung Köln, ab Worms konnte man bereits ab November 1853 grenzüberschreitend über Ludwigshafen–Kaiserslautern–Saarbrücken bis nach Paris fahren.

Nach und nach etablierte sich die Hessische Ludwigsbahn mit einer Streckenlänge von rund 700 Kilometern zu einer der größten privaten Bahnen: 1859 wurde die Linie Mainz-Bingen in Betrieb genommen, mit Eröffnung der Nahebrücke bei Bingerbrück war nun der Anschluss an die bestehende Verbindung nach Köln möglich. Ab 1864 erfolgte der Baubeginn der Rheinhessenbahn (Worms–Alzey–Bingen), sieben Jahre später eröffnete die Strecke Alzey–Mainz. Von wirtschaftlich großer Bedeutung war der Bau der Eisenbahnbrücken: Als erste wurde 1862 die Südbrücke bei Mainz in Betrieb genommen, für die

Um 1900 hatten zahlreiche Orte Rheinhessens einen Bahnanschluss; hier das ehemalige Bahnhofsgebäude von Dittelsheim-Heßloch.

Riedbahn wurde im Jahr 1900 die Brücke bei Worms eingeweiht, 1904 folgte die Kaiserbrücke (Mainz–Wiesbaden), und schließlich konnte man ab 1915 von Bingerbrück über die Hindenburgbrücke nach Rüdesheim fahren.

Gegen Ende des 19. Jahrhunderts wurden in ganz Rheinhessen mehr als zehn eingleisige, nur wenige Kilometer lange Nebenbahnen errichtet, etwa die Eistalbahn von Worms nach Offstein, die Altrheinbahn (Osthofen über Rheindürkheim nach Guntersblum), die Selztalbahn (Frei-Weinheim–Ingelheim–Jugenheim), die Strecken von Worms nach Gundheim, von Sprendlingen nach Fürfeld oder von Osthofen nach Gau-Odernheim, hinzu kamen einige Schmalspurbahnen, etwa die Straßenbahn von St. Johann über Pfaffen-Schwabenheim nach Bad Kreuznach.

Um 1900 waren fast alle größeren Gemeinden Rheinhessens an das Bahnnetz angeschlossen, zudem hatten zahlreiche Unternehmen einen eigenen Gleisanschluss. Die repräsentativen Bahnhofsgebäude, die zugleich Wohnung für den Stationsvorsteher und seine Familie waren, waren auch ein wichtiger Treffpunkt der Bevölkerung; hier konnten Telegramme aufgegeben und Telefongespräche entgegengenommen werden. 1896 waren die Hessische Ludwigsbahn und die wenigen Privatbahnen verstaatlich worden; zuständig für das Eisenbahnwesen war fortan die Königlich Preußische und Großherzoglich Hessische Eisenbahndirektion mit Sitz in Mainz.

Das alles ist längst Geschichte. Heute existieren nur die Hauptlinien von einst: die Strecken Mainz–Worms und Mainz–Bingen (seit 1955 elektrifiziert) sowie die Verbindungen Worms–Bingen und Alzey–Mainz. Im Zuge des zunehmenden Individualverkehrs ab den 1960er-Jahren wurden die Nebenstrecken zurückgebaut, einige fungieren als Radwege, und die noch vorhandenen Bahnhofsgebäude sind zu Wohnungen, Büros oder Dienstleistungsbetrieben umgebaut worden. Heute nutzten Berufspendler und Ausflügler die Bahnen, vor hundert Jahren waren die Züge auch das Transportmittel für landwirtschaftliche Güter wie Getreide, Rüben und vor allem Wein.

34 Asyl für Hoffmann von Fallersleben
Bingerbrück und der Dichter

Jedes Kind kennt August Heinrich Hoffmann von Fallersleben (1798–1874), den Verfasser des „Deutschlandliedes", dessen dritte Strophe unsere Nationalhymne ist. Zu seinem umfangreichen Werk gehören aber auch so bekannte Kinderlieder wie „Alle Vögel sind schon da", „Ein Männlein steht im Walde", „Kuckuck, Kuckuck" oder „Morgen kommt der Weihnachtsmann". Aufgrund seiner 1841 erschienenen „Unpolitischen Lieder", die die politischen Verhältnisse seiner Zeit, die Pressezensur, die Kleinstaaterei, den Obrigkeitsstaat und die Fürstenwillkür kritisierten, wurde der Breslauer Germanistik-Professor seines Amtes enthoben.

Er verlor nicht nur sein Gehalt, sondern auch das Aufenthaltsrecht seines Heimatlandes Hannover. Daher befand er sich jahrelang auf Wanderschaft. Am 30. November 1849, seit einem Jahr rehabilitiert, traf Hoffmann in Bingerbrück ein, wo er vom Weinhändler Euler herzlich begrüßt wurde, wie er in seiner Autobiografie schrieb: „Unser Wirt empfing mich sehr freundlich und führte mich in meine Wohnung ein. Ich dankte ihm, dass er mir meine Wünsche erfüllt und den allernötigsten Hausrat und auch einige Wintervorräte und Feuerung besorgt hatte."

Ende Dezember 1849 kam Hoffmanns Frau Ida, die er wenige Wochen zuvor geheiratet hatte, nach. Beide wohnten in der ehemaligen Lohe-Mühle, ältestes Anwesen in Bingerbrück, das zu einem stattlichen Wohnhaus und einer Weinhandlung umgebaut worden war, „mit Blick auf die Burg Klopp und auf den Rochusberg". Damals zählte der Ort nur wenige Einwohner und war seit dem Wiener Kongress 1815 preußisch – im Gegensatz zur Nachbarstadt Bingen, die als Teil der Provinz Rheinhessen zum Großherzogtum Hessen-Darmstadt gehörte. Während dieser Zeit bereisten die Hoffmanns die liebliche Rheinlandschaft, den Rheingau um Rüdesheim und die zahlreichen Burgruinen links und rechts des Flusses.

In Hoffmanns 1868 erschienenen Lebenserinnerungen heißt es über den Herbst 1850: „Hatten wir im Frühling die Weinberge nur durchstrichen, um von dort aus neue, schöne Aussichten zu gewinnen, so sollten sie uns jetzt noch andere Genüsse bereiten. Die Trauben waren bereits reif und lachten uns überall an. Mit bewundernswerter Freigebigkeit führten uns unsere Nachbarn und gute Bekannte in ihre Weinberge nah und fern."

Der Dichter nahm zunächst gerne am gesellschaftlichen Leben in Bingen teil, traf sich mit den Honoratioren im Gasthaus „Weißes Roß" und versuchte sich zu Hause sogar als Koch: „Da bereitete ich das Essen: Ich kochte Kartoffeln, machte einen schönen Puffer und sott dazu eine Frankfurter Wurst … Zum Nachtisch

August Heinrich Hoffmann von Fallersleben, der Verfasser der Nationalhymne, lebte von 1849 bis 1851 in Bingerbrück.

brachte ich noch Apfelschnitte, die ich in Butter, Mehl und Zucker gebraten hatte, und alles war gut."

Ergebnisse dieser Jahre sind die Gedichtbände „Liebeslieder" und „Rheinleben", die 1851 bei dem Mainzer Verleger Johann Baptiste Wirth erschienen.

Im April 1851 verließen Hoffmanns Bingerbrück und zogen nach Neuwied, von dort 1854 nach Weimar, bis Hoffmann ab 1860 als Bibliothekar im westfälischen Corvey endlich zur Ruhe kam.

Das Eulersche Haus, Wohnstätte des Dichters, wurde 1958 zugunsten einer „veränderten Verkehrsführung" abgerissen, damit verschwand auch eine Gedenktafel, die an Hoffmanns Aufenthalt in Bingerbrück erinnerte. Doch ganz vergessen ist der Verfasser der Nationalhymne hier nicht: Ihm zu Ehren wurde im Jahr 2009 der Hoffmann-von-Fallersleben-Weg benannt, der vom Wohngebiet „Elisenhöhe" oberhalb Bingerbrücks, seit 1969 Stadtteil von Bingen, Richtung Innenstadt führt und von dem man etwa den Blick auf den Rhein, die Nahemündung, Burg Klopp und den Rheingau hat, den auch August Heinrich Hoffmann von Fallersleben schon genossen hatte.

35 „Eine der schönsten Launen der Welt“ Die Sektkellerei Kupferberg

Die meisten bedeutenden und erfolgreichen Männer haben klein angefangen. Bei Christian Adalbert Kupferberg war das nicht anders: 1824 in Kriegsheim bei Monsheim geboren, begann er 1843 eine Lehre zum Exportkaufmann in Mannheim, anschließend arbeitete er kurzzeitig für ein Wormser Weinhandelshaus, bis er 1847 mit einem Partner im pfälzischen Neustadt die „Fabrication moussirender Weine“ gründete.

Doch die Zusammenarbeit währte nicht lange. 1850 zog Kupferberg nach Laubenheim und machte sich selbstständig, fünf Jahre später erwarb er in Mainz ein frei gewordenes Gelände innerhalb der Festung. Er exportierte zunächst verschiedene moussierende Weine, kreierte dann seine eigene Marke, „Kupferberg Gold“, und legte damit den Grundstock für eine der bekanntesten und erfolgreichsten Sektfirmen und eines der ältesten Mainzer Unternehmen überhaupt. Mehr als 125 Jahre lang führte die Familie Kupferberg die innovative Sektkellerei, die schon früh auf gezielte Werbung und Vermarktung setzte; seit 2004 ist die legendäre Marke „Kupferberg Gold“ Teil der Bielefelder Oetker-Gruppe. Bemerkenswert ist aber auch die Kellerei am Mainzer Kästrich, einem ehemaligen Weinberggelände, da die insgesamt 60 Keller bis zu 50 Meter unter der Oberfläche liegen und damit die tiefst gelegenen Sektkeller der Welt sind.

Christian Adalbert Kupferberg, der Firmengründer, stand mit zahlreichen Persönlichkeiten seiner Zeit in Verbindung, auch mit Otto von Bismarck, den er in Berlin kennengelernt hatte. In der Straße Kupferbergterrasse, oberhalb des Mainzer Hauptbahnhofes, erinnert im Innenhof des „Kupferberghauses“ eine gusseiserne Tafel an den Aufenthalt Bismarcks zu Beginn des Deutsch-Französischen Krieges im August 1870. Das Unternehmen, das „Haus- und Kellerführungen“ durch die Sektkellerei anbietet, teilt hierzu mit:

„Die wunderbare Lage der Kellerei, die Gastfreundschaft des Hauses und natürlich der Sekt des Hauses bewogen im Jahre 1870 Graf Otto von Bismarck, einen mehrtägigen Aufenthalt im Hause Kupferberg zu nehmen. Der spätere Reichskanzler schlug im heute noch ‚Bismarckzimmer‘ genannten Raum sein ‚Bureau des Auswärtigen Amtes‘ auf.“

Die Inschrift der ursprünglich im Dezember 1900 eingeweihten, inzwischen erneuerten Gedenktafel lautet:

„Im Hause Kupferberg befanden sich in den Tagen des 2.–7. August 1870 da auf dem Zug der deutschen Heere gegen Frankreich der Bundesfeldherr Wilhelm von Preußen sein Hauptquartier in Mainz genommen die Wohnung des Kanzlers Otto Graf von Bismarck-Schönhausen und der Sitz des unter seiner Leitung stehenden Auswärtigen Amtes.“

Im „Kupferberghaus“ befindet sich der geräumige „Fürst-von-Bismarck-Saal“, geeignet für Tagungen, Konzerte und

Die traditionsreiche Mainzer Sektkellerei Kupferberg begeisterte bereits 1870 Otto von Bismarck, damals preußischer Ministerpräsident.

große Feierlichkeiten. An der Nordseite des Saals ist ein Bismarckkopf im Halbprofil aus Marmor angebracht. Das „Bismarckzimmer" im selben Haus kann als Trauzimmer der Stadt Mainz gebucht werden. Die heutige Gedenkstätte, als Arbeitszimmer eingerichtet, diente Bismarck 1870 als „Auswärtiges Amt".

Aus diesem Zimmer schrieb Bismarck an seine Frau am 2. August 1870:

„Mein liebes Herz, wir sind heut früh um 7 glücklich hier eingetroffen, müde, aber gesund. Ich habe noch 4 Stunden im Bette geschlafen, und würde jetzt zum König müssen, wenn ich etwas anzuziehen hätte ...

Wir fuhren stundenlang im Sand-Tempo, lagen stundenlang still, je nachdem die Militärzüge vor uns den Weg sperrten. Heute früh schöner Sommeraufgang, von Bingerbrück gesehen. ... Hier bin ich bei einem reichen Champagnerfabrikanten, Kupferberg, einquartiert, oben auf dem Kästrich, weite sonnige Aussicht über die Stadt mit Rheingau, Wiesbaden-Platte, russische Kapelle dahinter, aber so weit ab vom König und allen Andern, als ob ich in Worms läge; und dann kein Hemd! Der Jubel der Volksmassen auf den Bahnhöfen war betäubend, mir zu viel für jetzt, sie sollten sich das sparen bis nach dem Siege, den Gott uns geben wolle."

Während seines Aufenthalts in Mainz mag Bismarck sicherlich einige Flaschen „Kupferberg Gold" getrunken haben. Von ihm ist überliefert, er habe zu Wilhelm II. gesagt, als dieser ihm deutschen Schaumwein statt des bevorzugten französischen Champagners vorsetzte: „Bei mir, Majestät, macht der Patriotismus kurz vor dem Magen halt." Geschadet hat ihm das deutsche Produkt nicht. Wenige Wochen später war der Krieg zugunsten Deutschlands entschieden, Bismarck wurde Reichskanzler und blieb es 19 Jahre lang.

Weitere traditionsreiche Mainzer Unternehmen mit gleichfalls internationalen Verbindungen sind der 1770 gegründete Musik- und Musikbuchverlag „Schott Music" und der 1867 gegründete Chemiekonzern Werner & Mertz, dessen Marken „Erdal" und „Frosch" zu den bekanntesten Produktnamen Deutschlands zählen – genau wie „Kupferberg Gold".

36 Pionier der Wasserversorgung
Bruno von Boehmer

Auch heutzutage stellen heiße, trockene Sommer ohne ausreichenden Niederschlag ein Problem für die Landwirtschaft dar. Wesentlich kritischer war dieser Zustand in früheren Zeiten, als die Felder nicht bewässert werden konnten – Missernten und Hungersnöte waren die Folge, auch in Rheinhessen. Doch der Wasserbau-Ingenieur Bruno von Boehmer sorgte für Abhilfe und legte 1904 den Grundstein für die Modernisierung der Wasserversorgung in Rheinhessen.

Als das Wasser noch nicht so selbstverständlich aus der Leitung kam wie heute – und auf dem Land war dies länger die Regel als in der Stadt –, mussten die Menschen für sich und ihre Tiere das Wasser aus den Dorf- und Hofbrunnen oder aus nahe gelegenen Gewässern holen. Eine fortschrittlichere Variante war die Belieferung mit Wasser in Fässern mittels Ochsenkarren. Doch die Bevölkerungszunahme einerseits, andererseits die außergewöhnlich niederschlagsarmen Jahre gegen Endes des 19. Jahrhunderts führten zu einem bedrohlichen Zustand. Im April 1895 erließ die Regierung in Darmstadt die Verordnung „für die Besorgung der örtlichen kulturtechnischen Geschäfte"; mit dieser Maßnahme sollte die Versorgung der Bevölkerung mit Wasser verbessert werden.

Ein Glücksfall für das Großherzogtum war der 1866 in Potsdam geborene Bruno von Boehmer. Nach seinem Maschinenbau-Studium in Karlsruhe trat der Wasserbau-Ingenieur 1896 als Baurat in die Dienste des hessischen Großherzogtums. Bereits 1897 wurde der innovationsfreudige junge Mann als „Vorstand der Großherzoglichen Kulturinspektion in Mainz" zum Leiter einer Behörde befördert, die für die technische Infrastruktur Rheinhessens zuständig war. Nach eingehender Bestandsaufnahme schilderte er 1904 in einem umfassenden Bericht dem Innenminister Carl Rothe (1840–1906) die Lage der Wasserversorgung und legte ihm konkrete Pläne mit den technischen, baulichen, organisatorischen und rechtlichen Voraussetzungen für eine effektive Wasserversorgung der Provinz vor. Boehmers Ziel war es, die bisherige Wasserentnahme aus Quellen, Bächen und Brunnen umzustellen auf die leitungsgebundene Verteilung des Wassers. Dazu sollte das Rheinwasser filtriert und in Wasserbehältern gespeichert werden, Pumpwerke sollten den Wasserdruck gewährleisten. Der Ingenieur regte eine Vielzahl dieser Hochbehälter zur regionalen Versorgung an. Für die Umsetzung seiner Idee, also die Schaffung der technischen Infrastruktur und die Verlegung des Leitungsnetzes sowie für die Verwaltung, Beaufsichtigung und Abrechnung der neuartigen Wasserversorgung, sollten Zweckverbände gegründet werden.

Diese Pläne stießen auf großes Interesse bei den Abgeordneten und der Regierung, so dass nach Bewilligung der

Maßnahme bereits im Frühjahr 1905 mit ersten erfolgreichen Versuchen und ein Jahr später mit der großflächigen Verwirklichung des Projekts begonnen wurde. Innerhalb kurzer Zeit entstanden Anlagen zur Aufbereitung des Rheinwassers, ein ausgeklügeltes Verteilungsnetz, Pumpstationen und 21 Wasserbehälter, die für die Wasserversorgung des ländlichen Rheinhessens zuständig waren.

Der wohl schönste Wasserturm steht, umgeben von Weinbergen, am Rande des Höllbergs am südwestlichen Ortsrand von Wöllstein und damit mitten in der Rheinhessischen Schweiz. Er ist 20 Meter hoch, war bis 1977 in Betrieb und diente als Aussichtsturm.

Geplant wurden die individuell gestalteten Wasserhäuser und Wassertürme überwiegend von dem 1868 geborenen Architekten Wilhelm Lenz. Noch heute sind diese Jugendstil-Zweckbauten herausragende Schmuckstücke der rheinhessischen Landschaft. Ein besonderes Anwesen östlich von Guntersblum ist das 1907 eröffnete Gruppenwasserwerk mit Pumpwerk und Maschinenhalle, Werksmeistervilla und Werkstatthaus, das sich bis heute unverändert erhalten hat. Von hier wurde das erbohrte Wasser zum Wintersheimer Turm weitergeleitet. Neben dem historischen Gebäudekomplex existiert selbstverständlich auch ein modernes Pumpwerk, für das die Wasserversorgung Rheinhessen-Pfalz GmbH (WVR) zuständig ist. Vor dem Gebäude befindet sich eine Infotafel, die auch einen Radweg zu den vielen Hochbehältern aufführt.

In ihrer Gesamtheit sind diese Bauten längst ein außergewöhnliches Kulturdenkmal und Symbol der Industrialisierung Rheinhessens. Aufgrund seiner Verdienste erhielt der Ideengeber des Systems 1907 von Großherzog Ernst Ludwig das Ritterkreuz I. Klasse des Großherzoglich Hessischen Verdienstordens Philipps des Großmütigen. Bruno von Boehmer, ab 1915 Badedirektor, dann auch noch bis zu seiner Pensionierung Kurdirektor in Bad Nauheim, verstarb 1943 in Wiesbaden. Bis heute gilt er als Pionier der rheinhessischen Wasserversorgung.

Eine weitere architektonische Besonderheit in Rheinhessen sind die zahlreichen formschönen Wasserhäuser und Wassertürme, hier der 1906 errichtete Wasserturm bei Wöllstein.

37 Heimliche Hauptstadt Rheinhessens
Alzey

Alzey liegt mitten in Rheinhessen und ist dank der A 61 und der A 63, die sich hier kreuzen, sowie der Bahnlinien nach Mainz, Bingen und Worms bequem erreichbar und eine Entdeckung wert. Für einen Ort vergleichbarer Größe (19.000 Einwohner) bietet das zur Römerzeit gegründete Alzey alles, was eine Stadt lebenswert macht.

Eingebettet in die liebliche rheinhessische Hügellandschaft sind dies neben der günstigen Infrastruktur überregional wichtige Unternehmen, ein Dienstleistungsangebot ersten Ranges, vielfältige kulturelle Veranstaltungen, mehrere weiterführende Schulen, so auch das Landeskunstgymnasium Rheinland-Pfalz, eine weitreichende medizinische Versorgung und eine idyllische Altstadt mit historischen Fachwerkbauten und einem geradezu märchenhaften Schloss. Dieses Schloss liegt wenige Meter abseits der Fußgängerzone und ist der Spiegel der Alzeyer Stadtgeschichte.

Angelegt wurde das Schloss als hochmittelalterliche Burg, deren Entstehungsgeschichte im Dunkeln liegt. Ab dem frühen 14. Jahrhundert jedenfalls diente die Burg den in Heidelberg ansässigen Pfalzgrafen als Nebenresidenz und territorialer Stützpunkt in einer reichsweit bedeutenden Gegend, die politisch stark zersplittert war. Während der Regierungszeit des Pfalzgrafen Ruprecht III. (1352–1410), der zwischen 1400 und 1410 römisch-deutscher König war, wurden hier zahlreiche Urkunden ausgestellt, so dass Alzey als „Kanzleiort“ des Reiches tituliert wurde. Wie Oppenheim, Worms oder Heidelberg bedeutete das Jahr 1689 für Alzey Zerstörung, Elend, Not. Das Schloss wurde im Pfälzischen Erbfolgekrieg von Truppen des französischen Sonnenkönigs Ludwig XIV. weitgehend zerstört.

Dennoch behielt die Stadt aufgrund ihrer strategisch günstigen Lage zwischen Rhein und Donnersberg weiterhin ihre Zentralitätsfunktion: Bis zum Endes des 18. Jahrhunderts fungierte Alzey als eines von 19 kurpfälzischen Oberämtern, hatte also eine wichtige Verwaltungs- und Gerichtsfunktion fürs Umland inne, und während der französischen Besatzung zwischen 1798 und 1814 war Alzey Kantonstadt, eine von zehn Verwaltungseinheiten innerhalb des Arrondissements Mainz, das wiederum Teil des Departements Donnersberg war.

Als das Großherzogtum Hessen im Jahr 1902 als erstes deutsches Land überhaupt ein Denkmalschutzgesetz erließ, widmete sich die Regierung in Darmstadt auch dem Wiederaufbau der Alzeyer Schlossruine nach historischem Vorbild. Seitdem bzw. nach der letzten grundlegenden Sanierung erstrahlt die Anlage in nie dagewesenem Glanz. Im Philipps- und Ludwigsbau ist das Amtsgericht untergebracht, im gegenüberliegenden Friedrichsbau befindet sich das Mädchen-Internat des Staatlichen Aufbaugymnasiums, und im mächtigen

Das Alzeyer Schloss beherbergt heute ein Internat und das Amtsgericht.

Geschützturm sitzt der Gerichtsvollzieher.

Ab 1835 war Alzey Kreisstadt, die im Zuge der rheinland-pfälzischen Gebietsreform 1969 aufgewertet wurde, da sie seitdem und als Sitz des neu gegründeten Landkreises Alzey-Worms für Gemeinden des aufgelösten Landkreises Worms zuständig ist. Der Kreis besteht aus insgesamt 69 Gemeinden mit rund 130.000 Bewohnern. Zwischen 1979 und 1992 befand sich der Ausweichsitz („Schutzbunker") der rheinland-pfälzischen Regierung in Alzey, und zwar unter der Turnhalle des Aufbaugymnasiums. Aufgrund seiner Geschichte und Funktion darf Alzey zu Recht als „heimliche Hauptstadt Rheinhessens" bezeichnet werden.

38 Namensgeberin eines Weinbrands
Marianne Chantré aus Nieder-Olm

„Hohes C", „Eckes Edelkirsch" oder „Chantré" – wer kennt sie nicht, die bekannten Getränkemarken, mit denen Generationen Deutscher erst groß und dann alt geworden sind. „Hohes C", der Orangensaft, galt als gut, gesund, unverdächtig. Ein Glas zum Frühstück oder unter den Sekt gemischt – erfrischend hat es allemal geschmeckt. Der dunkelrote Likör „Eckes Edelkirsch" war süß und eher ein Geschenk zu Muttertag oder für die Tante. „Chantré" dagegen galt als etwas Besonderes.

Getrunken wurde der Weinbrand, wenn der Chef seinen Mitarbeiter zu Hause besuchte oder die neuen Nachbarn sich vorstellten; dann wurde der „weiche Chantré" als Lieblingsweinbrand aufgetischt, und einstimmig hieß es: „Man genießt den feinen Unterschied" – so jedenfalls versprach es die Werbung in den 1980er-/90er-Jahren. Die Heimat dieser und weiterer alkoholischer sowie alkoholfreier Produkte liegt in Rheinhessen, sie stammen aus dem Hause Eckes.

1857 hatte der Fuhrunternehmer, Gast- und Landwirt Peter Eckes (1804–1873) in Nieder-Olm eine Brennerei zum Destillieren von Obst gegründet und damit den Grundstock für ein Unternehmen gelegt, das heute europaweit führend in der Herstellung von Fruchtsäften ist. Seine Nachkommen bauten den Betrieb und die Landwirtschaft stetig aus, aus bescheidenen Anfängen heraus gelang ihnen die erfolgreiche Vermarktung von Likören und Weinnebenprodukten, bis 1931 das Geschäftsfeld um die Produktion von Traubensaft erweitert wurde. Ludwig Eckes (1913–1984) und Peter Eckes (1907–1987), Urenkel des Firmengründers, revolutionierten die Produktpalette und verhalfen dem Unternehmen damit in der Nachkriegszeit zu einem ungeahnten Aufschwung: 1953 brachten sie den Weinbrand „Chantré" auf den Markt, der im Zeitalter des Wirtschaftswunders große Verbreitung fand. Der eingängige und bis heute existierende Markenname war der Mädchenname der Frau von Ludwig Eckes, Marianne (1914–2010), die aus einer Hugenottenfamilie namens Chantré stammte. Fünf Jahre später folgte der Verkauf des deutschlandweit ersten trinkfertigen Orangensaftes aus der Flasche: „Hohes C". In den kommenden Jahren erwarb das Unternehmen Orangenplantagen in Brasilien, der dort und auch in Florida gewonnene Extrakt, der dank eines besonderen Verfahrens das natürliche Aroma bewahrte, wurde in Deutschland wieder verdünnt und in Flaschen abgefüllt. 1961 kam die Klosterbrennerei „Mariacron" in Oppenheim hinzu, 1979 startete die Produktion von „Dr. Koch's Trink 10", dem ersten Multivitaminsaft in Deutschland, den der Lebensmittelforscher Prof. Julius Koch (1912–1991), Leiter des Instituts für Obst- und Gemüseverwertung der Forschungsanstalt Geisenheim, entwickelt hatte.

Aus kleinen Anfängen zum Weltkonzern: Die Firma Eckes in Nieder-Olm gehört zu den bekanntesten Unternehmen des Landes. Auf dem Foto oben rechts präsentiert Ludwig Eckes 1978 zwei Flaschen im ursprünglichen Design

1991 wurde die Peter Eckes KG in eine Aktiengesellschaft umgewandelt, die 1994 die Saftmarke „Granini" übernahm. So entstand in Nieder-Olm Schritt für Schritt nicht nur eines der größten Unternehmen in Rheinhessen, sondern ein europaweit führender Getränkekonzern, zu dem nach der Wende 1990 weitere Marken wie „Nordhäuser" gehörten und der Kooperationen mit internationalen Firmen einging. 2006 jedoch endete die Ära des seit 1931 hergestellten „Eckes Edelkirsch" in Nieder-Olm. Das Unternehmen verabschiedete sich vom Spirituosengeschäft und stellt seitdem nur noch Fruchtsäfte und fruchthaltige Erfrischungsgetränke her.

Der beliebte und sozial engagierte Unternehmer und Mäzen Peter Eugen Eckes führte das Unternehmen als Geschäftsführer Produktion von 1974 bis 1993, gemeinsam mit seinem Bruder Michael Eckes und seinem Großcousin Harald Eckes-Chantré. Peter Eugen Eckes war jahrzehntelang als Vorsitzender im Verein Rheinhessen Marketing das „Aushängeschild" der Region; anlässlich seines 80. Geburtstages im Jahr 2019 ernannte ihn seine Heimatgemeinde Zornheim zum Ehrenbürger.

39 Chabeso und Gallensäure
Die Anfänge von Boehringer Ingelheim

Boehringer Ingelheim, heute eines der größten Pharmaunternehmen Europas, blickt auf eine Erfolgsgeschichte zurück, die mit der Produktion von Milchsäure begann. Den Grundstein für den Ingelheimer Konzern legte der Chemiker Albert Boehringer (1861–1939), der bei Forschungen in seiner 1885 gegründeten Weinsteinfabrik per Zufall eine weitreichende Entdeckung machte. Beim Versuch, Zitronensäure herzustellen, lieferten Bakterien durch unerwünschte Gärung Milchsäure. Damals bestand der Betrieb in Nieder-Ingelheim aus lediglich 28 Mitarbeitern.

Ab 1895, zwei Jahre nach dieser Entdeckung, begann die biotechnische Produktion in großem Maße; die Milchsäure wurde zunächst als Backpulver verkauft, aber auch an Gerbereien und Färbereien geliefert, und ab 1911 diente sie als Basis für ein Erfrischungsgetränk, das vor 100 Jahren unter der Bezeichnung Chabeso so bekannt war wie heute Coca-Cola. In diesem Markenname steckt der damalige Firmenname: C. H. Boehringer Sohn; Christoph Heinrich Boehringer (1820–1882) war der Vater des Firmengründers. Jahrzehntelang, bis 1967, in Mainz hergestellt, war die als „taufrisch und prickelnd“ beworbene Limonade ein Verkaufsschlager, bis die großen internationalen Konzerne aus den USA Chabeso verdrängten (seit 2006 gibt es eine Neuauflage, allerdings als Produktion der Augsburger Brauerei Riegele).

Die Herstellung pharmazeutischer Mittel, für die Boehringer Ingelheim bekannt ist, begann 1915 mit dem auf Opium basierenden Schmerzmittel Laudanon. Nach dem Ersten Weltkrieg expandierte das Unternehmen durch Zukäufe und Spezialisierung. Mit Heinrich Wieland (1877–1957), der jahrelang als Berater und Gutachter in Ingelheim tätig war und der über die Zusammensetzung von Gallensäure forschte und die Grundlagen für zahlreiche herzwirksame Medikamente legte, kann das Unternehmen sogar einen Nobelpreisträger für Chemie (1927) aufweisen. Albert Boehringer war Chemiker und Forscher aus Leidenschaft, doch ebenso verantwortlich fühlte er sich seinen Mitarbeitern. Bereits 1902 rief er eine „Fabrik-Krankenkasse“ ins Leben, es folgten ein Unterstützungsfonds für Mitarbeiter im Ruhestand (1905), der Bau von Betriebswohnungen (1907), die Gewährung eines bezahlten 14-tägigen Urlaubs (1910) oder die Einführung einer betrieblichen Altersvorsorge (1912).

Als Albert Boehringer 1939 hochgeehrt verstarb – bereits 1921 hatte ihn die damals noch selbstständige Gemeinde Nieder-Ingelheim zum Ehrenbürger ernannt –, beschäftigte das Unternehmen 1.500 Mitarbeiter. Seine beiden Söhne Albert Jr. (1891–1960) und Ernst (1896–1965) sowie sein Schwiegersohn Julius Liebrecht (1891–1974) führten den Familienkonzern, der 1948 in Wien die erste Auslandsgesellschaft gründete und der sich seit den Jahren des Wirtschaftswunders auf Mittel zur Behandlung von Atemwegserkrankungen, Herz-Kreislauf- und Magen-Darm-Problemen spezialisierte, erfolgreich weiter.

Heute ist der weit verzweigte Konzern Arbeitgeber von weltweit rund 50.000 Mitarbeitern. Zwar mehrfach modifiziert, zeigt auch das heutige Firmenlogo noch immer die Ingelheimer Kaiserpfalz in stilisierter Form, was die Heimatverbundenheit des Unternehmens ausdrücken soll. Auf einen Mitarbeiter in der langen Firmengeschichte sei hier besonders hingewiesen: Von 1962 bis 1966 war Richard von Weizsäcker (1920–2015) Mitglied der Geschäftsführung von Boehringer Ingelheim; zwischen 1969 und 1981 vertrat der CDU-Politiker als Listenkandidat den damaligen Wahlkreis Worms-Alzey-Oppenheim im Bundestag. Damit hatte auch der spätere Bundespräsident eine besondere Beziehung zu Rheinhessen.

Auch die Firma Boehringer Ingelheim hat rheinhessische Wirtschaftsgeschichte erfolgreich mitgeschrieben. Hier der Firmengründer Albert Boehringer und der Produktionsstandort um 1920.

40 Hochburg des deutschen Karnevals
Die Mainzer Fastnacht

Rhein, Rheinhessen, Fastnacht – dieser Dreiklang, zugleich eine Steigerung, bildet eine Einheit. In einer lieblichen Landschaft, die vom Weinanbau geprägt ist, leben fröhliche Menschen, die gerne nach getaner Arbeit singen, trinken, feiern und schunkeln. Kein Wunder, dass etliche Fastnachtsschlager den Fluss besingen („Warum ist es am Rhein so schön", „Ich hab' den Vater Rhein in seinem Bett geseh'n" oder „Hier am Rhein geht die Sonne nicht unter") und dass mit Mainz eine der Hochburgen des deutschen Karnevals in Rheinhessen liegt. Hier heißt die närrische Zeit, die traditionell alljährlich mit dem 11.11. um 11.11 Uhr beginnt, nicht Fasching oder Karneval, sondern Fastnacht.

Das besondere Brauchtum ist jahrhundertealt, schon für das 14. Jahrhundert sind Volksfeste mit übermäßigem Essen, Trinken und Tanzen an den Tagen vor Beginn der Fastenzeit im Frühjahr überliefert. Die organisierte Fastnacht am Rhein, wie sie uns heute bekannt ist, entstand in den 1820er-Jahren. In Mainz gründeten feierfreudige Bürger 1837 die Mainzer Ranzengarde, die sich als Parodie der Wach- und Ehrenkompanie des Großherzogs verstand; eine (heute nicht mehr gültige) Aufnahmebedingung war, dass die Männer mindestens 100 Kilo wiegen, also einen ordentlichen dicken Ranzen (Bauch) vorweisen mussten. Gardemitglieder gründeten ein Jahr später, im Januar 1838, den Mainzer Carneval-Verein (MCV), der bis heute existiert, damit der älteste der insgesamt 23 Mainzer Fastnachtsvereine ist und der alljährlich den Rosenmontagszug organisiert.

So abwechslungsreich die Geschichte Rheinhessens ist, so vielfältig zeigt sich rückblickend auch das Auf und Ab der hiesigen Fastnacht und ihrer Vereine. Der heute für Mainz typische politische Akzent der Sitzungen kam Ende des 19. Jahrhunderts auf, als 1898 mit dem Mainzer Carneval Club (MCC) ein zweiter Verein gegründet wurde, der ebenfalls bis heute besteht. Der deutschlandweite Siegeszug der Mainzer Fastnacht ist seiner Fernsehübertragung zu verdanken. „Mainz, wie es singt und lacht" hieß die 1955 erstmals vom Südwestfunk/ARD ausgestrahlte Gemeinschaftssitzung des MCV und MCC, zehn Jahre später zog das in Mainz ansässige ZFD mit der Konkurrenzveranstaltung „Mainz bleibt Mainz" nach. Seit 1973 heißt es alljährlich am Freitag vor Rosenmontag „Mainz bleibt Mainz, wie es singt und lacht"; die vom MCV, MCC, GCV (Gonsenheimer Carneval-Verein) und dem KCK (Karneval-Club Kastel) gemeinsam organisierte Veranstaltung wird seitdem im jährlichen Wechsel von ARD und ZDF produziert. Während die Narrhallesen, darunter stets zahlreiche ranghohe Bundes- und Landespolitiker, im Kurfürstlichen

Schloss feiern, verfolgt ein Millionenpublikum das bunte Treiben vor dem Elferrat. Voller Spannung blickt das Publikum auf die Bühne, wenn es heißt: „Wolle mer se reinlasse?" – der Narrhallamarsch ertönt und die „Helau"-Rufe wollen kein Ende nehmen. Neben den „Kokolores"-Vorträgen werden mit besonderer Aufmerksamkeit die politischen Büttenreden des „Protokollers", des „Boten aus dem Bundestag" oder des „Till" verfolgt. Und stets umjubelt ist der Auftritt der „Mainzer Hofsänger" zu später Stunde.

Zu den Schlagern, mit denen die Mainzer Fastnacht überregional identifiziert wird, gehören „Heile, heile Gänsje", jahrzehntelang von Ernst Neger interpretiert, oder die von der unverwüstlichen Margit Sponheimer fröhlich vorgetragenen Lieder „Gelle, du hast mich gelle gern", „Am Rosenmontag bin ich geboren" oder „Wähle 06131". Seit 2018 ist die 1943 geborene Sängerin offiziell „Botschafterin der Mainzer Lebensfreude" und Ehrenbürgerin der Landeshauptstadt.

Die Mainzer Fastnacht lebt von ihrer Vielfalt und dem Gemeinschaftssinn aller Mitwirkenden, zu ihren beliebten Aushängeschildern gehörten und gehören Hildegard Bachmann, Hans-Peter Betz, Rolf Braun, Herbert Bonewitz, Jürgen Dietz, Michael Emrich, Tobias Mann, Thomas Neger, Jürgen Wiesmann – und der „Obermessdiener vom Mainzer Dom" Andreas Schmitt, seit 2014 Sitzungspräsident der Fernsehfastnacht.

Ein weiterer Höhepunkt der Mainzer Fastnacht ist der Rosenmontagsumzug, der alljährlich mehr als eine halbe Million Besucher anzieht. Außerhalb der närrischen Saison erinnern in Mainz der Fastnachtsbrunnen und der „Gardetrommler" am Schillerplatz oder das im Proviantmagazin untergebrachte Fastnachtsmuseum an ein Stück Mainzer Kultur, ohne die die Geschichte Rheinhessens ärmer wäre.

Seit 1963 steht auf dem Schillerplatz der Fastnachtsbrunnen, gestiftet von der Firma Eckes AG Nieder-Olm; er symbolisiert die für Mainz charakteristische närrische Jahreszeit.

41 Blick in den Rheingau
Der Bismarckturm bei Gau-Algesheim

Bauverzögerungen und die Verschiebung von Einweihungsfeiern gab es bereits vor mehr als 100 Jahren, so auch beim Bismarckturm oberhalb von Ingelheim und Gau-Algesheim. Eine erste Grundsteinlegung hatte, initiiert durch den Alldeutschen Verband, bereits am 18. August 1902 stattgefunden. Der Tag war bewusst gewählt, war er doch der Jahrestag der zwar verlustreichen, aber für Preußen erfolgreichen Schlacht von Gravelotte/Elsass, bei der zu Beginn des Deutsch-Französischen Krieges 1870 zahlreiche Soldaten aus Rheinhessen zu Tode gekommen waren.

Die Gemarkung Waldeck auf dem Westerberg, zwischen Ingelheim und Bingen, war gewählt worden, da die Gemeinde Ingelheim das Grundstück und die Infrastruktur kostenfrei zur Verfügung stellte. Auch die exponierte Lage sprach für sich: Nur zehn Kilometer flussabwärts steht auf der anderen Rheinseite das monumentale, 1883 eingeweihte Niederwalddenkmal, in dessen Kontext sich der neue Turm einfügen sollte. Da dem Alldeutschen Verband die Mittel fehlten, verzögerte sich der Baubeginn. Um neue Förderer zu gewinnen, gründete der in Alzey geborene Rechtsanwalt Heinrich Claß (1868–1953) 1906 den Rheinhessischen Bismarckverein, dessen Vorstand vor allem Bürgermeister und Weingutsbesitzer aus der Umgebung angehörten. Architekt war der aus Eltville/Rheingau stammende Wilhelm Kreis (1873–1955). 1907, wiederum am 18. August, erfolgte die zweite Grundsteinlegung, zu der der Vorstand auch in überregionalen Zeitungen einlud:

„Am Ehrentag der hessischen Division … wird in feierlicher Weise der Grundstein zur Rheinhessischen Bismarcksäule auf der Waldeck gelegt. Wir laden alle Verehrer des großen Mannes zur Teilnahme ein und hoffen, dass unsere engere Heimat durch einen glänzenden Verlauf dieser Feier den Beweis liefert, dass Bismarcks Andenken unter uns lebt und in Ehren gehalten wird.

Die Festhandlung auf der Waldeck beginnt um 4 Uhr nachmittags.“

Mit Sonderzügen kamen die „Bismarck-Verehrer“ nach Ingelheim, wanderten den 3,5 Kilometer langen Weg zur Waldeck, wo Claß vor rund 2.000 Zuhörern die Festrede hielt.

Das Bauwerk aus rheinhessischem Kalkstein wurde 1910 vollendet, aus ästhetischen Gründen erhielt der mächtige Turm über der Aussichtsplattform eine auf acht Pfeilern ruhende Kuppel. Am 12. Mai 1912 wurde der Turm mit einem großen Fest eingeweiht. Er ist der zweithöchste Bismarckturm überhaupt und gehört zu den letzten Bauten, die dem 1898 verstorbenen Reichskanzler gewidmet wurden.

Der auf einem quadratischen Podest ruhende Rundturm besteht aus einem vier Meter hohen Sockelgeschoss, dem 20 Meter hohen Turm und dem drei Meter hohen Obergeschoss mit abschließender

Aussichtsplattform. Über dem Eingang befindet sich ein kleiner Balkon, der den Besucher mit der Inschrift „Zu Bismarcks Ehr" begrüßt. Nach 111 Stufen der Betontreppe gelangt man zum Obergeschoss, von dem nochmals 13 Stufen zur Plattform führen, die vier halbrunde Balkone besitzt. Nach diesem Aufstieg wird man bei gutem Wetter mit einem herrlichen Blick in den Rheingau belohnt. Schloss Johannisberg ist ebenso zu erkennen wie das Kloster Eibingen oder die Germania bei Rüdesheim.

Noch vor Eröffnung des Turmes bot sich die landschaftlich reizvolle Lage zu Feiern an. Eine erste Versammlung fand anlässlich des 10. Todestages Bismarcks am 31. Juli 1908 statt, die als „große, ganz Rheinhessen umfassende Kundgebung" inszeniert wurde; weitere Feiern folgten in den 1920er-/30er-Jahren zu Bismarcks Geburtstag am 1. April und zur Sommersonnwendfeier im Juni.

1945 löste sich der Rheinhessische Bismarckverein auf, 1953 übernahm die Stadt Ingelheim den Turm, für dessen Unterhalt sie zuständig ist.

Bequem angelegte Wanderwege führen von der Rheinebene zum Bismarckturm, der vom „Bergrestaurant Waldeck am Bismarckturm", einem „Tiger-Garten" (mit „echten" Königstigern) und einem Kinderspielplatz umgeben ist, so dass der markante Bau zu jeder Jahreszeit ein beliebtes Ausflugsziel ist. An diesem Ort trifft zu, was in der Speisekarte des Cafés geschrieben steht:

„Hoch über Ingelheim, inmitten von Weinbergen in idyllischer Waldrandlage sind Sie am Ort Ihrer Träume angelangt. In diesem Refugium jenseits von alltäglichem Stress und mannigfaltiger Unruhe genießen Sie den herrlichen Panoramablick über den Rheingau bis in den Taunus."

Der 1912 bei Gau-Algesheim errichtete Bismarckturm ist Reichskanzler Otto von Bismarck (1815–1898) gewidmet, er ist deutschlandweit der zweithöchste Bismarckturm.

Auch in der Adventszeit ist der Turm eine weithin sichtbare Attraktion: Dann nämlich ist er rot angestrahlt und von einer Stahlkonstruktion bekrönt, die mit 680 Glühbirnen hell leuchtet und auch die zahlreichen Bahnfahrer (Strecke Mainz–Koblenz–Köln) in Erstaunen versetzt. In diesem Zustand wirkt der Turm wie eine wahre Feuersäule, er wird dann als „Ingelheimer Kerze" bezeichnet.

42 Seine Heimat war Rheinhessen
Carl Zuckmayer aus Nackenheim

Die liebliche Landschaft Rheinhessens, eine Melange aus Hügeln, Reben, Bächen hat schon immer zum Dichten und Berichten eingeladen. Der bekannteste Schriftsteller Rheinhessens ist Carl Zuckmayer, auch wenn er nur wenige Jahre in seiner Heimat verbracht hat.

Im Jahr 1896 in Nackenheim als Sohn eines Flaschenkapselfabrikanten geboren, hat er mit volkstümlichen Werken wie „Der Hauptmann von Köpenick" oder „Des Teufels General" die Weltliteratur bereichert. Sein Lustspiel „Der fröhliche Weinberg" (1925) und die Erzählung „Die Fastnachtsbeichte" (1959) sind in Rheinhessen bzw. in Mainz angesiedelt. So sehr er auf den großen Bühnen mit diesen gesellschaftskritischen Stücken Erfolg hatte, so sehr fühlten sich die Nackenheimer, insbesondere die Winzer karikiert, zumindest zunächst. Später war Zuckmayer auch in seiner Heimat ein geschätzter Schriftsteller, dessen auflagenstarke Werke teilweise erfolgreich verfilmt wurden.

Kein Zweiter hat so anschaulich und so liebevoll seine rheinhessische Heimat beschrieben wie er. In seiner 1966 erschienenen Autobiografie „Als wär´s ein Stück von mir" schildert er die fruchtbare, von Rebstöcken und Obstbäumen geprägte Landschaft zwischen Mainz und Worms, die er von Kindesbeinen an durchstreifte und dabei seine Entdeckungen machte. Fasziniert von den mächtigen Kathedralen und den hübschen Kirchen, den gediegenen Fachwerkhäusern und Barockpalais inmitten einer einzigartigen Region, die eine jahrhundertealte Geschichte und Kultur vereint. Besondere Jugenderlebnisse verband Zuckmayer mit dem Rhein, er empfand es als „besonderes Geschenk" an einem so bedeutenden Strom geboren zu sein. Noch im Alter und fern der Heimat erinnerte er sich gerne an seine Jugendjahre in Nackenheim und Mainz.

1977 verstarb Carl Zuckmayer hochgeehrt in der Schweiz, zahlreiche Schulen und Straßen tragen seinen Namen, und die Carl-Zuckmayer-Medaille gilt als einer der wichtigsten Literaturpreise des Landes Rheinland-Pfalz.

Zu den weiteren Schriftstellern, die hier geboren wurden und noch heute bekannt sind, gehören der 1757 in Wendelsheim geborene und 1822 in Kreuznach verstorbene Friedrich Christian Laukhard und Isaak Maus, 1748 in Badenheim geboren und dort 1833 gestorben, die beide mit ihren sensiblen Beschreibungen, ihren Gedichten und Briefen einen anschaulichen Einblick in die Lebensverhältnisse ihrer Zeit hinterlassen haben.

Von Peter Cornelius, 1824 in Mainz geboren und dort nach Jahren der Wanderschaft 1874 verstorben, hauptsächlich als Musikkritiker und Komponist bekannt, stammt ein lyrisches Werk, das eine Entdeckung wert ist. Die Lyriker Stefan George, 1868 in Büdesheim bei Bingen geboren, und Wilhelm Holzamer, 1871 in Nieder-Olm zur Welt gekommen, haben

Diese Büste, geschaffen von Ursula Bertram, erinnert am Rathaus von Nackenheim an Carl Zuckmayer (1896–1977).

hier in Rheinhessen ihre Kindheit verbracht. Ihre Gedichte spiegeln die Stimmungen und Gefühle, sie beschreiben das Leben zwischen Hoffnung und Trauer, und sie sind vor allem ein Loblied auf die heimatliche Landschaft. George feiert mit seinem „totgesagten Park“ die vor ihm liegende Landschaft, sie ist ihm ein Ort des Schönen, des Heiligen, aber auch der Einsamkeit, jedenfalls eine Welt jenseits der Hektik und des allzu Profanen.

Aber auch Autorinnen wie die 1900 in Mainz geborene und 1983 in Ost-Berlin verstorbene Anna Seghers oder die 1899 in Alzey geborene und 1950 in Karlsruhe gestorbene Elisabeth Langgässer sind noch heute mit dem Roman „Das siebte Kreuz“ bzw. mit der Erzählung „Saisonbeginn“ als Schullektüre präsent. Ihrer Heimat Mainz treu geblieben ist Kathinka Zitz (1801–1877). Die gesellschaftspolitisch engagierte Schriftstellerin hat Liebesgedichte von ungezwungener Fröhlichkeit, aber auch mit nachdenklich-melancholischen Anklängen verfasst; auch ihr wurde in der Mainzer Altstadt eine Gasse gewidmet.

Kathinka Zitz (1801–1877) wird mit einer nach ihr benannten Straße in der Mainzer Altstadt geehrt.

43 Ein Freund und Förderer Wagners
Der Musiker Wendelin Weißheimer

Rheinhessen hat nur wenige Maler von überregionaler Bekanntheit hervorgebracht, um so bedeutender waren dagegen seine Schriftsteller und Musiker. Die Musikgeschichte beeinflusst haben die aus Worms stammenden Komponisten Friedrich Gernsheim (1839–1916) und Rudi Stephan (1887–1915) sowie die Mainzer Komponisten Peter Cornelius (1824–1874) oder Volker David Kirchner (1942–2020) – und: Wendelin Weißheimer.

Über die Geburt seines 1838 geborenen Sohnes schrieb der Osthofener Guts- und Mühlenbesitzer Johann Weißheimer II. (1797–1883): „Am 26. Februar, abends um 11 Uhr, ist meine Gattin mit unserm achten Kinde, einem Sohne niedergekommen. Unsere Freude über dieses Glück war sehr groß; wir betrachteten es als einen Ersatz des durch den Tod uns entrissenen Kindes, dessen Verlust uns immer so sehr schmerzte. Deswegen legten wir ihm auch dessen Namen, nämlich Wendelin bei."

Der vermögende Gutsbesitzer, damals auch Bürgermeister Osthofens, war 1849/50 Mitglied der Ersten Ständekammer des großherzoglich hessischen Landtags, hatte Wendelin als seinen Nachfolger auf der „Steinmühle" bestimmt und ihn daher auf die Real- und Gewerbeschule nach Darmstadt geschickt, um ihn anschließend eine kaufmännische Lehre beginnen zu lassen. Doch in der Residenzstadt des Großherzogtums widmete sich der junge Weißheimer dem Klavierspiel und lernte im Hoftheater die Musik Richard Wagners kennen. Sein musikalischer Förderer wurde Kapellmeister Louis Schindelmeisser (1811–1864). Dank ihm und dem Verzicht des Vaters auf eigene Pläne konnte Wendelin ab 1856 am Konservatorium in Leipzig Musik studieren. Danach begann ein abwechslungsreiches Leben als Musiker, das ihn zunächst in seine rheinhessische Heimat zurückführte; am Stadttheater in Mainz war er für eine Saison zweiter Kapellmeister.

Von nachhaltigem Eindruck war seine erste Begegnung mit dem von ihm verehrten Wagner in Zürich im Juli 1858: „Das bleiche, ausdrucksvolle Gesicht des damals Fünfundvierzigjährigen begleitete mich … auf allen Wegen." 1860/61 in Weimar, dort war er Schüler von Franz Liszt, führte dieser als Dirigent erstmals ein Werk Weißheimers auf. Da der junge Komponist keinen Zugang zum Konzert im Großherzoglichen Schloss hatte, arbeitete Liszt mit einem Trick: Er platzierte Wendelin, gekleidet wie die übrigen Musiker, im Orchester, und dieser tat dann so, als spielte er Geige. In Weimar traf Weißheimer erneut auf Wagner, mit dem er jahrelang freundschaftlich verbunden blieb. Ab 1861 arbeitete Weißheimer wieder in Mainz, nun als Musikdirektor. Im Hause des bekannten Verlegers Franz Schott (1811–1874), der sich für zeitgenössische Musik engagierte, waren Wendelin und auch Peter Cornelius im Januar 1862 Zeugen der

Aufführung des „Meistersingergedichts“ von und durch Richard Wagner.

Im Juni 1862 war Wagner Gast der Familie Weißheimer in Osthofen, im August kam er wieder, diesmal begleitet von seiner späteren Frau Cosima (1837–1930) und deren Mann Hans von Bülow (1830–1894). An diese Begegnungen erinnert bis heute das „Richard-Wagner-Häuschen“ im Garten der Steinmühle, anschaulich überliefert sind diese geselligen Zusammentreffen bei reichlich Rheinhessenwein auch in Wendelin Weißheimers Veröffentlichung „Erlebnisse mit Richard Wagner, Franz Liszt und vielen anderen Zeitgenossen“ (1898). Mehrfach stand Wagner vor dem finanziellen Ruin, doch dank der großzügigen Unterstützung Johann Weißheimers II. konnte er seine Kompositionen und Konzertreisen fortsetzen.

Gedankt hat er es dem 25 Jahre jüngeren Wendelin nicht; 1868 kam es zum Bruch der Freundschaft, der von Wagner ausging. Doch Weißheimers Weg als Musiker verlief eigenständig und zugleich erfolgreich weiter. Nach Stationen in Augsburg, Berlin, Düsseldorf und Würzburg, erneut Mainz, Zürich, Straßburg, Baden-Baden, Mailand und Freiburg nahm er im Jahr 1908 seinen letzten Wohnort in Nürnberg, wo er am 16. Juni 1910 verstarb. Neben eigenen Kompositionen hatte er trotz der persönlichen Enttäuschung immer wieder Werke Wagners aufgeführt, in seinen letzten Lebensjahren hatte er mehrfach seine Familie in Osthofen besucht.

Wendelin Weißheimer hinterließ mehr als hundert Werke, die Opern „Leyer und Schwert“ und „Meister Martin und seine Gesellen“, die Symphonien „Ritter Toggenburg“ und „An Mozart“, geistliche Sonette, zahlreiche Lieder und Balladen, darunter etliche Lieder für Männerchöre,

Der aus Osthofen stammende Komponist Wendelin Weißheimer (1838–1910) war ein Freund und Förderer Richard Wagners.

die vor allem von Chören der Arbeiterbewegung gesungen wurden. Über den mit ihm befreundeten Ferdinand Lassalle (1825–1864), Mitbegründer der SPD, der im Juli 1864 und damit wenige Wochen vor seinem Tod Gast in Osthofen gewesen war, fühlte sich Weißheimer zeit seines Lebens der Sozialdemokratie verbunden. Seine größten Erfolge am Dirigentenpult feierte er in Nürnberg, wo er Massenchöre mit sozialkritischen Texten vertraut machte, um so über die Musik ein politisches Signal zu setzen.

An den begabten Komponisten und Dirigenten erinnern in Osthofen der Wendelin-Weißheimer-Platz und in Worms die Weißheimerstraße.

44 Die erste Fernfahrt eines Luftschiffes
Graf Zeppelins Landung in Oppenheim

Kaiser Wilhelm II. (1859–1941) hatte ihn einst als den „Dümmsten aller Süddeutschen" bezeichnet, andere Zeitgenossen verspotteten ihn als „Narr vom Bodensee". Gemeint war Ferdinand Graf von Zeppelin (1838–1917), ein ehemaliger Offizier, der sich im Ruhestand mit der Luftschifffahrt beschäftigte. 1899 begann er mit dem Bau des ersten lenkbaren Starrluftschiffes. Sein Prototyp war 128 Meter lang, wurde von zwei Motoren zu je 15 PS betrieben und war erstmals am 2. Juli 1900 über Manzell bei Friedrichshafen aufgestiegen. Die kommenden Jahre waren geprägt durch Rückschläge, Notlandungen, Unfälle, aber auch durch Testfahrten und Neukonstruktionen von Luftschiffen.

Trotz des geringen Erfolgs der zivilen Luftschifffahrt interessierte sich auch das Reichskriegsministerium für die Luftschiffe. Bereits 1906 hatte Reichskanzler von Bülow dem Grafen 50.000 Mark für die Herstellung leistungsfähiger Luftschiffe zur Verfügung gestellt. Inzwischen war die Technik so weit vorangeschritten, dass die Armee im Jahre 1908 zu Testzwecken das „Modell 1907" erwarb und in Dienst stellte. Beabsichtigt war auch die Übernahme eines weiterentwickelten Nachfolgemodells. Voraussetzung war jedoch ein Tauglichkeitstest, der aus einer 24-stündigen Fahrt mit einer Wegstrecke von mindestens 700 Kilometern bestehen sollte. Diese Fahrt unternahm Zeppelin am 4. August 1908 mit dem „Modell 1908", das 136 Meter lang war und einen Durchmesser von 13 Metern hatte, von zwei je 110 PS starken Motoren betrieben wurde und nun die Bezeichnung „LZ 4" erhielt („LZ" war die Abkürzung für „Luftschiff Zeppelin"). Der Graf startete mit seiner Mannschaft am frühen Morgen ab Friedrichshafen, sein Ziel hieß Mainz.

Unter der Überschrift „Graf Zeppelin auf der Fahrt nach Mainz" berichteten die Tageszeitungen mit „Extraausgaben" ausführlich über den Verlauf der Fahrt. Mit großer Spannung wurden die einzelnen Streckenabschnitte verfolgt. Die Fahrt sollte zu einem nationalen Ereignis werden, die Konkurrenz beeindrucken und die Regierenden von einer mehrstündigen komplikationsfreien Fahrt überzeugen. Telefonisch wurden die einzelnen Redaktionen in Südwestdeutschland informiert. Nachdem die Überfahrt von Worms nach Mainz für den Nachmittag angekündigt worden war, machten sich auch viele Oppenheimer auf den Weg zu Aussichtspunkten, zur Katharinenkirche und in die Weinberge, um „das Lebenswerk des Grafen Zeppelin in seiner Vollendung" und den „herrlichen Sieg deutscher Technik" mitverfolgen zu können.

Die „fliegende Zigarre" war für damalige Zeiten etwas völlig Neues und sorgte überall für großes Aufsehen. Die Bewohner am Oberrhein waren Zeitzeugen eines Weltereignisses. Überraschend konnten die Oppenheimer das Luftschiff aus der Nähe bestaunen, denn ein Maschinenschaden zwang gegen 17 Uhr zur außerplanmäßigen Notlandung bei Kornsand, am gegenüberliegenden Ufer.

Am späten Abend des 4. August 1908 konnte der Zeppelin mit seinem Namensgeber weiterfahren, doch am nächsten Tag ging das Luftschiff bei Echterdingen in Flammen auf. Graf Zeppelin musste von vorn beginnen. Viele Menschen in ganz Deutschland beteiligten sich an der „Nationalspende des deutschen Volkes“, die insgesamt sechs Millionen Mark einbrachte. Auch die Rheinhessen unterstützen den Neuanfang, wie wir aus einem Telegramm des Oppenheimer Bürgermeisters Hermann Schmidt vom 7. August 1908 wissen; an Graf Zeppelin hatte er geschrieben:

„Noch unter dem Eindruck, dass das Rheinufer bei Oppenheim am Fuße der alten Reichsburg Landskron und der himmeltragenden Türme von St. Katharinen den ersten Ruhepunkt geboten auf Ihrer kühnen Fernfahrt durch die Lüfte, sendet Stadt und Bürgerschaft Oppenheims dem genialen Erfinder 2.000 Mark als Beitrag zur Durchführung des nationalen Werkes.“

Gleich zwei im Sommer 1909 errichtete Denkmäler erinnern bis heute an diese Notlandung; ein Gedenkstein oberhalb der Stadt Oppenheim mit der Inschrift „Zeppelin – 4. Aug. 1908 – Hier gegenüber auf dem Rhein Landung bei erster Fernfahrt“ und ein Denkmal auf der anderen Rheinseite bei Trebur-Kornsand mit der Erinnerungstafel „Hier landete mit seinem Luftschiff Graf Zeppelin auf seiner ersten Dauerfahrt am 4. August 1908“.

Wenig später übrigens änderte Kaiser Wilhelm seine Meinung: Bei einer Begegnung im November 1908 verlieh er

Die Rheinhessen gehörten zu den ersten Augenzeugen einer Zeppelin-Fahrt, hier der Gedenkstein in Oppenheim, der an die Landung Graf Zeppelins 1908 erinnert.

dem alten Grafen den „Schwarzen Adlerorden“, eine der höchsten preußischen Auszeichnungen, und bezeichnete ihn nun als „größten Deutschen des 20. Jahrhunderts“.

Außer den Denkmälern ehrt in Oppenheim auch die Graf-Zeppelin-Allee einen wagemutigen Pionier und damit ein außergewöhnliches Ereignis im Himmel über Rheinhessen im August 1908.

45 Vom Wärter zum Pfleger
Die Professionalisierung der Klinik Alzey

„Ab nach Alzey" – dieser kurze Ausspruch verhieß nichts Gutes, hinterhergerufen wurde er jemandem, der wirr geredet oder unredlich gehandelt hatte. Mit „Alzey" war eine ganz besondere Klinik gemeint, die im Laufe ihres Bestehens mehrfach umbenannt wurde: 1908 als „Großherzogliche Landes-Irrenanstalt" gegründet, hieß sie „Landes-Heil- und Pflegeanstalt" (1912), „Hessische Landes-Heil- und Pflegeanstalt" (1919) und „Landesnervenklinik" (1960). Seit 1997 trägt die Einrichtung am südöstlichen Stadtrand von Alzey die Bezeichnung „Rheinhessen-Fachklinik".

Die allgemeine Bevölkerungszunahme gegen Ende des 19. Jahrhunderts, die zunehmend geringer werdende gesellschaftliche Akzeptanz gegenüber abweichendem Verhalten, das Auftreten neuer Krankheitsformen und die Bürokratisierung des „Irrenwesens" führten auch im damals rund 330.000 Einwohner großen Rheinhessen zur Errichtung einer Pflegeanstalt. Als Standort kamen zunächst Alzey, Armsheim und Osthofen in Betracht. Bislang existierten im Großherzogtum zwei Irrenanstalten, das bereits 1535 gegründete Philippshospital bei Goddelau und eine Klinik in Heppenheim/Bergstraße.

Per Telegramm meldete das hessische Innenministerium am 1. Juli 1902 nach Alzey: „Errichtung der Irrenanstalt für Alzey definitiv beschlossen." In den folgenden Jahren entstanden auf dem 25 Hektar großen Gelände an der Dautenheimer Straße 17 Gebäude (u.a. Pförtner- und Direktorenhaus, Verwaltungsgebäude, Koch- und Waschküche, Maschinenhaus, Leichenhalle, Krankenhäuser, getrennt nach Frauen und Männern) im Pavillonstil, deren moderne Architektur sich an der Darmstädter Künstlerkolonie orientierte; der hier verwirklichte Baustil wurde als „Darmstädter Barock" bezeichnet. Bei Eröffnung der „Großherzoglichen Irrenanstalt" im November 1908 standen Plätze für 250 Patienten zur Verfügung, die nach dem neusten medizinischen Stand der Zeit behandelt wurden und denen Bade- und Waschräume einen hohen Standard boten. Vom Bau, der Ausstattung und Einrichtung der neuen Anstalt profitierten zahlreiche Alzeyer Unternehmen.

Im Lauf der Jahre erhöhte sich diese Zahl auf 600 Plätze (1917), ebenso stieg die Anzahl der Pflegekräfte, deren Ausbildung sich professionalisierte. 1922 eröffnete auf dem Gelände eine Krankenpflegschule, die Berufsbezeichnung wandelte sich vom „Wärter" zum „Pfleger". Ferner entstanden ein Gutshof zur Selbstversorgung der Anstalt, eine Gärtnerei und verschiedene Werkstätten, die den arbeitsfähigen Patienten eine sinnvolle Beschäftigung boten. Die Kapelle im Jugendstil entwickelte sich zum Ort vielfältiger kultureller Veranstaltungen, sei es als Konzert-, Theater- oder Kinosaal. Die Alzeyer Schriftstellerin Elisabeth Langgässer nannte die etwas

Mittelpunkt der Landes-Heil- und Pflegeanstalt Alzey ist die im Jugendstil erbaute Kapelle.

abseits gelegene Anlage „Burg der Wahnsinnigen“.

Ab 1933 wurde auch die Alzeyer Heil- und Pflegeanstalt in das rassenpolitische Programm der Nationalsozialisten einbezogen. Patienten und Patientinnen wurden zwangssterilisiert, 453 Menschen aus ganz Rheinhessen wurden Opfer der „NS-Euthanasie“; sie starben allerdings nicht in Alzey, sondern an anderen Orten, überwiegend in Hadamar. Nach intensiver Forschungsarbeit wurde diesen Opfern im Jahr 2005 neben der Klinikkapelle ein Mahnmal errichtet.

Ab 1940 bis 1947 diente das Anstaltsgelände auch als Reservelazarett, zunächst der Wehrmacht, dann der amerikanischen und französischen Besatzungsmacht.

Längst gilt die Rheinhessen-Fachklinik mit ihren psychiatrischen, neurologischen, psychotherapeutischen und psychosomatischen Abteilungen als landesweit führende Klinik für seelische und neurologische Gesundheit, die Einrichtung ist zugleich akademisches Lehrkrankenhaus der Universität Mainz.

46 Wahrzeichen des Zellertals
Das Ehrenmal von 1928

Von Weitem sichtbar, inmitten einer italienisch anmutenden Landschaft, zwischen dem rheinhessischen Mölsheim und Zell im Donnersbergkreis/Pfalz, thront in der Weinlage „Schwarzer Herrgott“ das Ehrenmal des Zellertals. Im September 1926 gründeten Bürger der Gemeinden Einselthum, Harxheim, Mölsheim, Niefernheim, Wachenheim und Zell einen Denkmalausschuss, der sich die Errichtung einer Gedenkstätte für die gefallenen und vermissten Soldaten des Weltkrieges zur Aufgabe setzte.

Die Grundsteinlegung erfolgte Ende April, die feierliche Einweihung des Bauwerks Mitte Juli 1928; es war eine Gemeinschaftsleistung rheinhessischer und pfälzischer Bürger. Auf felsigem Untergrund und einem massiven Eisenbetonfundament erheben sich sechs ringförmig angeordnete Pfeiler, die ebenfalls aus Beton gegossen und mit weiß-gelbem Kalkstein verkleidet sind. Diese rund 12 Meter hohen, schlank aufragenden Pfeiler werden im Hauptsims von einem Ringanker umfasst. Bekrönt wird das Denkmal, errichtet nach Plänen des Wormser Architekten Alfons Brandt, von drei gleichfalls sechseckigen Aufsätzen, die jeweils versetzt zueinander angeordnet sind. Im Inneren des obersten Aufsatzes befindet sich eine Flammenschale. Die Umschrift in der Höhe des Denkmals lautet: „Das Zellertal seinen im Weltkrieg 1914–1918 gefallenen Söhnen.“ Im oberen Innenraum des hallenartigen, insgesamt 15 Meter hohen und 6,50 Meter breiten Gebäudes hängt an einer langen Bronzekette das Eiserne Kreuz. Ursprünglich waren an der Innenwand der Pfeiler Tafeln aus gelbem Juramarmor befestigt, die die Namen der 77 Kriegsopfer der sechs Gemeinden verzeichneten.

Für das Zellertal war der 15. Juli 1928 ein besonderes Ereignis: Am Nachmittag läuteten die Glocken der sechs fahnengeschmückten Gemeinden zum Festumzug, der sich aus mehreren hundert Menschen zusammensetzte und aus Mölsheim und Zell zum Ehrenmal marschierte. Neben den Pfarrern aus beiden Gemeinden hielt ebenso ein Rabbiner aus Worms eine Ansprache. Teil der umfangreichen Einweihungszeremonie war auch die Verlesung eines Grußwortes des Reichspräsidenten Paul von Hindenburg (1847–1934).

Witterungseinflüsse und der Beschuss durch Tiefflieger im Zweiten Weltkrieg beschädigten das Denkmal sehr, so dass es 1960 umfassend saniert wurde. Bei dieser Gelegenheit wurden die zerstörten Marmortafeln durch sechs Bronzetafeln ersetzt bzw. ergänzt, zudem wurde die Bedeutung des Denkmals zum Mahnmal erweitert: Von nun an galt es auch dem Andenken der Gefallenen und Vermissten des Zweiten Weltkrieges.

Zur gepflegten Denkmalsanlage gehören zwei Treppenaufgänge sowie ein Vorplatz mit steinernen Bänken. Alljährlich am Volkstrauertag findet am Ehrenmal die Gedenkfeier des örtlichen

Volksbundes Deutscher Kriegsgräberfürsorge statt.

Das Bauwerk ist imposant, trotz seiner Größe wirkt es nicht protzig, sondern ist sehr feinfühlig in die Landschaft zwischen Rheinebene bzw. Odenwald und Donnersberg hinein komponiert. Einst in Erinnerung an die gefallenen und vermissten Soldaten des Zellertals errichtet, ist das Denkmal an der Panoramastraße längst das Wahrzeichen des lieblichen Zellertals, an der Grenze zwischen Nordpfälzer Bergland und südlichem Rheinhessen, sowie ein beliebter Treffpunkt für Ausflügler, die sich in friedlicher Absicht die besondere Landschaft wandernd erobern – und sich anschließend ein Glas Rheinhessenwein gönnen.

Das imposante Ehrenmal im Zellertal bietet einen Fernblick ins südliche Rheinhessen und in die angrenzende Pfalz.

47 Mehr als 1.000 Jahre Technikgeschichte
Das Pumpen-Museum in Bodenheim

Zwar verfügt fast jeder Haushalt über eine Luftpumpe, doch wie vielfältig und weitreichend weitere Pumpen unseren Alltag beherrschen und erleichtern, dürfte nur wenigen bekannt sein. Einblicke in die Entwicklung und die unterschiedlichen Verwendungsweisen der Pumpe bietet das Deutsche Pumpen-Museum in Bodenheim, wenige Kilometer südlich von Mainz.

Gegründet wurde das Museum 1987 anlässlich des 125. Betriebsjubiläums der Firma Philipp Hilge GmbH, Bodenheim, die heute zum in Düsseldorf ansässigen GEA-Konzern gehört und hochwertige Technologie für die nahrungsmittelverarbeitende Industrie herstellt. Die Ursprünge des Unternehmens liegen in Hechtsheim. Dort gründete 1862 Peter Hilge (1832–1891) in der Strickergasse 4 eine Metallgießerei und Dreherei. Als Handwerker mit Erfindergeist widmete er sich der Herstellung von Armaturen für die Getränkebranche. Er gilt als Erfinder der Rheinischen Zirkularpumpe. Diese Handpumpe ermöglichte erstmals die mechanische Beförderung von Wein und war daher in unserer Gegend sehr gefragt. Im Rundgehäuse dieser Vorrichtung bewegten sich wie ein Planetengetriebe innerhalb der rotierenden Scheibe in rechteckigen Aussparungen kleine Schaufeln. 1875, zehn Jahre nach dieser Erfindung, vermarktete Hilge den ersten Bierdruckregler, eine von Hand betriebene rotierende Schieberpumpe mit angekoppelter Gegendruckpumpe und Luftkessel. Um 1900 verfügte fast jeder deutsche Weinbaubetrieb über eine Hilge-Pumpe. Diese technischen Innovationen bildeten den Grundstock für eine florierende Pumpenfabrik, die unter Philipp Hilge (1866–1950), dem Sohn des Firmengründers, nun am Frauenlobplatz zu einem internationalen Unternehmen expandierte. Der Bedarf an größerer Produktionsfläche führte schließlich zu einer Standortverlagerung mit modernem Neubau nach Bodenheim 1962.

Die eigenen Produkte, aber auch Exponate anderer Hersteller und Repliken spiegeln eine einzigartige Technikgeschichte, die Teil der Industriellen Revolution ist, eindrucksvoll auf 400 Quadratmetern Ausstellungsfläche wider.

Der erlebnisreiche Rundgang beginnt mit einem Einblick in eine Pumpenwerkstatt, wie sie Ende des 19. Jahrhunderts anzutreffen war; es folgen Darstellungen der wissenschaftlichen Grundlage der Theorie der Pumpen durch Otto von Guerickes (1602–1686) Vakuumversuch und eine Auswahl früher Feuerspritzen. Zu sehen ist weiterhin die Entwicklung von der handgetriebenen zur ersten industriell hergestellten Zentrifugalschleuder, mehrstufige Kreiselpumpen in verschiedenen Fabrikationen werden ebenso präsentiert wie heutige Normpumpen. Form, Größe, Lackierung, Gewicht und Verkaufspreis der Exponate erstaunen das Publikum, wie auch die detailgetreuen Nachbildungen

Das Deutsche Pumpen-Mmuseum in Bodenheim bietet Einblicke in 1.000 Jahre Technikgeschichte.

etwa der Wasserschnecke des griechischen Physiker Archimedes (um 250 v. Chr.), einer römischen Doppelkolbenpumpe oder einer Zentrifugalpumpe (1732), die für die Wasserspiele der barocken Fürsten eingesetzt wurde. Ergänzt wird die reichhaltige Sammlung von rund 160 historischen Pumpen durch Fachliteratur, Modellzeichnungen, Kupferstiche und Holzschnitte, die den Stand der Pumpentechnik im 16., 17. und 18. Jahrhundert dokumentieren, oder aufwändig gestaltete Patenturkunden.

Zwar dominieren in der besucherfreundlichen Ausstellung die Werke der Firma Hilge, doch auch die unterschiedlichsten und manchmal kuriosesten Pumpen 57 weiterer Pumpenhersteller aus ganz Europa erstaunen den Betrachter, der hier aufschlussreiche Bekanntschaft macht mit Dampf-, Kolben-, Kreisel-, Nassläufer-, Spiral-, Carbonisier-, rotierender Schieber-, Hartporzellan-, Zahnrad-, Kühlwasser-, handbetriebener Fass- oder fahrbarer Saug- und Heizungskrümmerumwälzpumpe etc.

Mit dem Deutschen Pumpen-Museum in Bodenheim bietet Rheinhessen eine weitere Rarität, die deutschlandweit einzigartig ist; ein Besuch– nach Voranmeldung – lohnt jederzeit!

48 Ein Getränk für die ganze Familie
Ovomaltine

Im Gewerbegebiet von Osthofen erinnert die Dr.-Wander-Straße an die Chemiker Dr. Georg und Dr. Albert Wander, die aus kleinsten Anfängen einen Weltkonzern schufen.

Georg Wander wurde 1841 in Osthofen geboren, er studierte in Gießen, Tübingen und Würzburg Chemie und ging nach seiner Promotion 1863 nach Bern, wo er als Assistent am Institut für Chemie und Pharmazie der Universität forschte. Bereits in diesen Jahren beschäftigte er sich mit der schonenden Extraktion von Gerstenmalz und dessen Anreicherung. Diese wissenschaftliche Errungenschaft professionalisierte er ab 1865, indem er sich in der Berner Altstadt mit einer „Spezialitäten-Fabrikation", die Bonbons und Liköre, Gesichtcrèmes und Öle für Böden anbot, selbstständig machte und diese zu einem chemisch-technischen und analytischen Laboratorium ausbaute, das den Grundstein für seine 1873 errichtete Fabrik bildete. Nach seinem Tod 1897 übernahm sein ältester Sohn Albert das kleine Unternehmen, das nun diätetische Lebensmittel auf der Basis von Malz sowie pharmazeutische Produkte herstellte.

Albert Wander, 1867 in Bern geboren und ebenfalls Chemiker, versuchte, ein Mittel gegen die damals bestehende Mangelernährung herzustellen. Dabei entwickelte er ein Produkt, das den Weltruf des Unternehmens bis heute begründet: 1904 brachte er „Ovomaltine" auf den Markt, ein neues Präparat aus Malzextrakt, Frischeiern, Kakao, kondensierter Magermilch, Mineralstoffen, Rapsöl, Speisesalz, 13 Vitaminen und dem Aroma Vanillin – so jedenfalls sieht die Zusammensetzung der in Neuenegg/Kanton Bern produzierten Version von „Ovomaltine" heutzutage aus. Von den beiden Bestandteilen Ei (lateinisch „ovum") und Malz (englisch „malt") erhielt Wanders Produkt die Bezeichnung „Ovomaltine". Seinen internationalen Siegeszug trat das Instant-Pulver, das zunächst über Apotheken verkauft wurde, als „nährendes Getränk für geistig und körperlich Erschöpfte" an, doch nach dem Ersten Weltkrieg sollten alle von dem belebenden Präparat profitieren; nun wurde es als „Getränk für die ganze Familie" angeboten. Sehr schnell expandierte das Unternehmen, das 1908 in eine Aktiengesellschaft umgewandelt wurde und bereits 1913 über einen Standort in England verfügte; weitere Niederlassungen, etwa in Mailand, Budapest oder Chicago folgten. In den späteren Jahren war „Ovomaltine", das bereits seit 1914 in einer orangefarbenen Dose verkauft wurde und sich ab den 1920er-Jahren als gesundheitsförderndes Frühstücksgetränk für den oberen Mittelstand etablierte, ein wichtiger Werbeträger bei internationalen Sportwettkämpfen.

Doch welche Verbindung hat das Pulver zu unserer Region? 1908 gründete Carl Schill (1862–1944) mit seinem Cousin Albert Wander eine deutsche

Einst wurde auch in Osthofen das weithin bekannte Ovomaltine hergestellt.

Niederlassung in seiner Geburtsstadt Osthofen. Das benötigte Malz stammte aus der eigenen und einer benachbarten Mälzerei. An den rheinhessischen Unternehmer, Kommerzienrat und Mäzen erinnert die nach ihm benannte Carl-Schill-Turnhalle an der Carlo-Mierendorff-Straße. Dagegen ist die Ovomaltinefabrik in Osthofen längst Geschichte, alle Fabrikationsgebäude wurden in den vergangenen Jahren zugunsten einer neuen Bebauung abgerissen, ebenso verschwunden ist der einst ortsbildprägende Industriekomplex der Mälzerei. Auf dem weiträumigen Gelände wird nun das Projekt „Neue Mitte Osthofen" verwirklicht, es entsteht ein zeitgemäßes Quartier mit moderner Architektur für Wohnungen, Dienstleistungen und Gewerbe. Übrig geblieben ist der 1963 erbaute 54 Meter hohe Turm der 1859 gegründeten und 2018 aufgelösten Firma Schill Malz GmbH & Co. KG, weithin sichtbares Wahrzeichen Osthofens.

Damit besteht auch heute noch indirekt eine Erinnerung an den hier produzierten internationalen Erfolgsschlager „Ovomaltine" – die Wurzeln seines Erfinders jedenfalls liegen in Rheinhessen.

49 Ehrenbürgerin von Mainz
Anna Seghers

Vor allem mit ihrem Roman „Das siebte Kreuz“ ist Anna Seghers in die Literaturgeschichte eingegangen. Das erstmals 1942 erschienene Buch hat einen großen Bezug zu Rheinhessen, beschreibt doch die Autorin die Flucht von sieben Häftlingen aus einem Konzentrationslager während der NS-Zeit. Dieses Lager heißt im Roman Westhofen, tatsächlich aber liegt als einer der Schauplätze der spannenden Geschichte das Konzentrationslager Osthofen zugrunde.

Das Gefängnis, heute Gedenkstätte, wurde bereits im März 1933 eröffnet, es bestand bis Juli 1934, inhaftiert waren überwiegend politische Gegner des NS-Regimes. Zu den prominenten Gefangenen zählten der SPD-Reichstagsabgeordnete Carlo Mierendorff (1897–1943) und Heinrich Völker (1900–1975), der spätere Oberbürgermeister von Worms. Die Handlungsstränge spielen in Mainz, Worms, Frankfurt, im Odenwald und Rheinhessen und verleihen somit dem Geschehen große Authentizität.

Anna Seghers, am 19. November 1900 in Mainz als Netty Reiling geboren, war Tochter eines jüdischen Kunsthändlers, die ihre Schulzeit in Mainz verbrachte, bis sie ab 1920 in Köln und Heidelberg Geschichte und Sinologie studierte. Ihre schriftstellerische Tätigkeit, nun unter Pseudonym, entfaltete sie in den 1920er-Jahren in Berlin, wo sie mit Ehemann und zwei Kindern lebte. Bereits für ihr Erstlingswerk „Aufstand der Fischer von St. Barbara“ erhielt sie 1928 den Kleist-Preis, einen seit 1912 (und bis 1932) alljährlich vergebenen Literaturpreis für „aufstrebende“ und „wenig bemittelte“ Dichter und Dichterinnen. Im selben Jahr trat sie der KPD bei, 1929 war sie Gründungsmitglied des „Bundes proletarisch-revolutionärer Schriftsteller“. Mit dem Machtantritt der Nationalsozialisten wurden ihre Bücher in Deutschland verboten, sie wurden ein Opfer der inszenierten Bücherverbrennung vom 10. Mai 1933. Die Jahre der NS-Herrschaft verbrachte sie im Exil, zunächst in Paris, dann in Mexiko-Stadt, wo sie den antifaschistischen „Heinrich-Heine-Klub“ gründete und wo ihr Roman „Das siebte Kreuz“ erschien, zunächst auf Englisch, dann auf Deutsch; bereits 1944 wurde er verfilmt, womit die Autorin weltbekannt wurde.

1947 kehrte Anna Seghers nach Deutschland zurück, sie lebte zunächst in West-Berlin, ab 1950 in Ost-Berlin. Die DDR bedachte sie, die von 1952 bis 1978 Präsidentin des Schriftstellerverbandes der DDR war und die sich stets im Sinne der Partei verhielt, mit zahlreichen hohen Auszeichnungen, u.a. mit dem Stalin-Friedenspreis (1951), dem „Vaterländischen Verdienstorden in Gold“ (1960), dem „Großen Stern der Völkerfreundschaft“ (1975) oder der Ehrenbürgerwürde von Berlin (1975); 1980 erhielt sie zudem den Titel „Held der Arbeit“ verliehen. Ihre zahlreichen Erzählungen und Romane,

In ihrer Geburtsstadt Mainz erinnern eine Schule, ein Platz und die Öffentliche Bücherei an Anna Seghers (1900–1983), Ehrenbürgerin der Stadt. Die Büste (1965) in der Bücherei stammt von der Bildhauerin Irmgard Biernath (1905–1998).

von denen etliche verfilmt wurden, stehen ganz im Zeichen des Sozialismus, sind aber von großer literarischer Qualität und Einfühlsamkeit, so dass sie auch im Westen Beachtung und Anerkennung fanden. Hochgeehrt starb sie im Juni 1983 in Ost-Berlin.

Eine besondere Würdigung wurde Seghers 1981 zuteil, als die Stadt Mainz ihr die Ehrenbürgerwürde verlieh. In der rheinland-pfälzischen Hauptstadt erinnern die nach ihr benannte Integrierte Gesamtschule, die Öffentliche Bücherei in Nähe des Hauptbahnhofs und ein Platz an Anna Seghers, die auch heute noch mit ihrem viel beachteten Roman „Das siebte Kreuz“ Gegenstand des Deutschunterrichts ist.

50 Vor E-Mail, SMS und WhatsApp
Die Postgeschichte Rheinhessens

Heutzutage sind handgeschriebene Urlaubs- und Weihnachtsgrüße per Postkarte eine Seltenheit, Kurznachrichten per E-Mail, SMS oder WhatsApp haben längst eine hundertjährige Tradition abgelöst. In früheren Zeiten lag die Beförderung von Post in Händen berittener Boten. Bereits 1490 war im Auftrag König Maximilians (1459–1519) das europaweite Postwesen gegründet worden. Ab 1650 betrieb die Familie Thurn und Taxis die Kaiserliche Reichspost, die auf dem Weg von Innsbruck in die Niederlande auch Poststationen in unserer Region (Worms, Mainz, Bingen) betrieb.

Nachdem 1797 französische Truppen das linksrheinische Deutschland besetzt hatten, endete die Ära der Kaiserlichen Reichspost, und Kantonsboten übernahmen die Beförderung behördlicher und privater Sendungen. Nach dem Ende der Napoleonischen Besatzung und Gründung der Provinz Rheinhessen (1816) war erneut die Thurn-und-Taxis-Post, nun als Privatunternehmen organisiert, für die Briefbeförderung zuständig, bis diese 1867 von der preußischen Staatspost übernommen wurde. Die Gründung des Deutschen Kaiserreiches 1871 bedeutete zugleich die Errichtung der Deutschen Reichspost, die ein Jahr später erstmals Briefmarken mit der Aufschrift „Deutsche Reichspost" herausbrachte. Mit dem Bau der Bahnlinien ab der Mitte des 19. Jahrhunderts erhielt das Postwesen einen enormen Aufschwung, Briefe und Pakete konnten nun schnell und preisgünstig mit der Bahn transportiert werden. Statt Postkutschen und Postreiter übernahm die Bahnpost die Beförderung der Sendungen; in eigenen Bahnpostwagen wurden die Briefe sortiert und gestempelt. Allein im Jahr 1900 wurden 3,3 Millionen Briefe von Mainz nach Worms geschickt. Entlang der Bahnstrecken entstanden Telegrafenlinien für eine Kommunikation, die ebenfalls längst verschwunden ist.

Zunächst waren die Landgemeinden unterversorgt, doch nach und nach erhielt jedes Dorf einen Briefkasten, und bis 1910 entstand in jeder noch so kleinen Gemeinde ein Postamt, eine Postagentur oder mindestens eine Posthilfsstelle. Die Leitung einer kleinen Poststelle erfolgte als schlecht bezahlte Nebentätigkeit. In den Städten dagegen hatte sich das Postwesen professionalisiert und lag in den Händen zahlreicher, hierarchisch aufgestellter Beamter. Frauen übrigens wurden zunächst in der Regel nicht angestellt, da man ihnen die Amtsautorität nicht zutraute und meinte, sie könnten das Briefgeheimnis nicht wahren. Das Briefaufkommen war so enorm, dass die Post in den Städten mehrmals am Tag zugestellt wurde, sogar sonntags.

Während die Dienstleistungen der Post auf dem Lande überschaubar waren, waren sie in den Städten vielfältig. Die Hauptpost war ein zentraler Treffpunkt,

Vor Gründung der Bundesrepublik zierte der Wormser Dom Briefmarken der französischen Besatzungszone; ein weiteres Zeugnis der rheinhessischen Postgeschichte ist das 1903 eröffnete und noch heute bestehende Postgebäude in Mainz.

Briefmarken wurden gekauft, Postsendungen und Telegramme aufgegeben, Telefongespräche geführt, Geld verschickt oder abgeholt etc. Die Gebäude mit ihren prachtvollen Fassaden waren aufwändig gestaltet, dies traf auch auf das 1880 im Stil der Gründerzeit errichtete und 1945 kriegszerstörte Kaiserliche Postamt in Worms zu und lässt sich heute noch am 1903 eröffneten Gebäude in der Mainzer Bahnhofsstraße erkennen.

Die Postsortierer verfügten über eine große Ortskenntnis, denn Postleitzahlen gab es zunächst nicht; sie wurden erst 1943 eingeführt. Rheinhessen gehörte zur Reichspostdirektion Frankfurt und hatte damit die Postleitzahl „16", ab 1946, nun in der französischen Besatzungszone gelegen, war die Oberpostdirektion Koblenz zuständig, Briefe und Postkarten hatten als Postleitzahl „22b". Die vierstelligen Postleitzahlen wurden 1961 von der seit 1950 bestehenden Deutschen Bundespost eingeführt (6508 Alzey, 6530 Bingen, 6500 Mainz, 6501 Partenheim, 6551 Zotzenheim); in Folge der Wiedervereinigung wurden sie 1993 erneut geändert und fünfstellig. Seitdem gehören Mainz und der größte Teil Rheinhessens zur Leitregion 55, Worms dagegen zum Leitbereich 67 (Ludwigshafen) und hat u.a. die PLZ 67547.

Inzwischen gibt es längst keine Bahnpost mehr, auch die meisten Postämter auf dem Land, in den Vororten und Stadtteilen sind aufgelöst. Seit Anfang des 21. Jahrhunderts werden Dienstleistungen der Post von „Partnerfilialen", oftmals in einem Lebensmittelmarkt, „Backshop" oder in einer Tankstelle untergebracht, übernommen. Selbst die ehemalige Hauptpost in Worms ist nur noch eine „Niederlassung", und Briefkästen sind genau so rar wie Münztelefone.

Dank der geografischen Lage gehörte Rheinhessen schon immer zu den Regionen, die in vielen Bereichen von Innovationen profitierte, so auch im Postwesen. Eine anschauliche Zeitreise in diese spannende Postgeschichte mit originellen Exponaten bietet das Rheinhessische Postmuseum in 55234 Erbes-Büdesheim.

51 Das Kriegsende 1945 für Rheinhessen
Die Rheinüberquerung bei Nierstein

Im Oktober 1944 hatten die West-Alliierten Aachen erreicht, das Vordringen an den Rhein schien nur noch wenige Wochen zu dauern und das Ende des Krieges rückte näher. Doch ganz so schnell waren die Truppen nicht, und nach wie vor flogen die britische und amerikanische Luftwaffe Angriffe auf deutsche Städte. Davon war gerade unsere Region besonders betroffen: Mitte und Ende Februar 1945 verloren bei den schweren Bombardements die Städte Worms und Mainz ihr über die Jahrhunderte gewachsenes Stadtbild, Tausende Menschen kamen zu Tode oder waren obdachlos.

Am 20. März sprengten Pioniere der Wehrmacht die Rheinbrücken bei Mainz, Eich/Hamm und Worms, um das Vorrücken der Alliierten zu verhindern. Diese völlig sinnlose Tat, bei der nicht nur architekturgeschichtlich bemerkenswerte Bauten zerstört wurden, sondern die auch zur Behinderung der Schifffahrt in der Nachkriegszeit führte, abgesehen von der fehlenden Flussüberquerung, konnte den Vormarsch der Alliierten nur für kurze Zeit aufhalten: Am 21. März erreichten US-Soldaten der 5. Infanteriedivision, Teil der 3. Armee unter General George Patton, Nierstein. Hinter ihnen lag eine Odyssee. Die Männer waren, von England aus, Mitte August 1944 in der Normandie gelandet, wochenlang marschierten sie durch Frankreich und Luxemburg, bis sie Ende des Jahres in die Ardennenoffensive gerieten und im Februar 1945 bei Dasburg in der Eifel den Westwall überwandten.

Die Einnahme Niersteins und anderer Orte am Rhein erfolgte kampflos. Hier war endlich der Krieg vorbei, während östlich des Rheins weitergekämpft und in Mitteldeutschland weiterhin Städte bombardiert wurden. Auch die Nationalsozialisten trieben ihr Unwesen: Verblendete Wehrmachtssoldaten erschossen am 21. März auf der anderen Rheinseite fünf Menschen aus Nierstein und einen Bürger aus Oppenheim („Kornsandverbrechen“); diesen Opfern ist seit 1954 ein Gedenkstein gewidmet, er trägt die Inschrift: „Im Anblick ihrer Heimat wurden hier schuldlos erschossen ...“

Die Alliierten hatten sich für eine Rheinüberquerung zwischen Nierstein/Oppenheim und Kornsand entschieden, weil hier die Fähre „Landskrone“ noch intakt war. Sie wurde zwar am Nachmittag des 21. März gesprengt, aber bereits am Abend des 22. März setzten die Soldaten mit Amphibienfahrzeugen über den Fluss. In den Tagen danach errichteten Männer des 249. Pionierbataillons Brücken. Der erste Übergang, die rund 340 Meter lange Treadway-Brücke, war schon am 23. März fertiggestellt, zwei weitere Pontonbrücken folgten. Bis Ende März 1945 überquerten hier mehr als 60.000 Fahrzeuge und Tausende US-Soldaten den Rhein. Diese militärische

An der Rheinpromenade in Nierstein erinnert ein Denkmal an die Rheinüberquerung der US-amerikanischen Soldaten im März 1945.

Operation führte dazu, dass der Zweite Weltkrieg beendet werden konnte. Die deutsche Wehrmacht kapitulierte am 8. Mai, dieser Tag gilt als offizielles Kriegsende.

Seit 2017 erinnert am südlichen Ortsausgang von Nierstein das „Rhine-River-Crossing-Monument" an den historischen Brückenschlag vom März 1945. Umgeben von der US-amerikanischen und der deutschen Bundesflagge erläutern zwei Bronzeplatten in Deutsch und Englisch sowie eine Infotafel den geschichtlichen Hintergrund der Ereignisse in der Endphase des Zweiten Weltkrieges.

52 Aus Mainz in alle Welt
ZDF und SWR

Petra Gerster, die langjährige Hauptmoderatorin der heute-Nachrichten im ZDF, ist eine echte Rheinhessin. Die Tocher eines Arztes wurde 1955 in Worms geboren und ist dort auch aufgewachsen. Ihre Kindheit war geprägt von der entbehrungsreichen Nachkriegszeit, doch im Rückblick urteilt sie: „Es war ein guter Ort und ein guter Zeitpunkt."

Zu diesem Zeitpunkt gab es ihren späteren Arbeitgeber noch nicht. Die ARD (Arbeitsgemeinschaft der Rundfunkanstalten Deutschlands) dagegen existierte bereits seit 1950. Ein „Zweites Deutsches Fernsehen" (ZDF) entstand infolge eines Staatsvertrags der westdeutschen Ministerpräsidenten im Dezember 1961, der Sendebeginn fiel auf den 1. April 1963 (ab 1967 in Farbe), gesendet wurde zunächst aus Eschborn/Taunus. Im Laufe der Jahre entwickelte sich das ZDF aus bescheidenen Anfängen zu einem der größten Sendezentren Europas, nun allerdings in Rheinhessen: 1967 bezog der Sender den zentralen Standort auf einem zuvor erworbenen und entsprechend ausgebauten Gelände im Mainzer Stadtteil Lerchenberg, 1974 wurde das weithin sichtbare vierzehngeschossige

Redaktions- und Verwaltungsgebäude eingeweiht, weitere Erweiterungsbauten folgten in den kommenden Jahren. In jedem Bundesland besitzt das ZDF ein Studio, doch die wichtigsten Sendungen werden aus Mainz ausgestrahlt: Dazu zählen die Nachrichtensendungen („heute", „heute-Journal", „Frontal21"), das „aktuelle Sportstudio", das Kulturmagazin „Aspekte", die Wirtschaftssendung „ZDF-WISO" oder der „ZDF-Fernsehgarten". In politischen Sendungen werden gerne und oft Experten der nahe gelegenen Universität Mainz interviewt. Die „heute"-Sprecherin Wibke Bruhns (1938–2019) ging 1971 in die Fernsehgeschichte ein – als erste bundesdeutsche Nachrichtensprecherin.

Genau so bekannt wie Petra Gerster oder die Moderatoren Claus Kleber, Gundula Gause und Marietta Slomka sind auch die „Mainzelmännchen", jene sechs zwergähnliche Figuren mit Namen Anton, Berti, Conni, Det, Edi und Fritzchen, sie seit 1963 die Fernsehwerbung auflockern. Sie sind so bekannt und beliebt, dass es an einigen Stellen in Mainz sogar „Mainzelmännchen"-Ampeln gibt.

Mit einer Rundfunkanstalt ist auch der Südwestrundfunk (SWR) in Mainz (Am Fort Gonsenheim) vertreten. Bereits 1946 unter französischer Besatzung als Südwestfunk (SWF) gegründet, gab es den Sender zunächst nur mit einem Hörfunkprogramm, das Fernsehprogramm startete 1969 in Kooperation mit dem Süddeutschen Rundfunk (SDR) und dem Saarländischen Rundfunk (SR); durch die Fusion der Sender SDR und SWF entstand 1998 der heutige Südwestrundfunk, dessen Schwerpunkt auf Landesnachrichten und regionalen Sendungen liegt.

Blick auf das Sendezentrum des ZDF (2020).

53 Eine außergewöhnliche Umbenennung
Aus Blödesheim wird Hochborn

Im Laufe der Jahrhunderte verschwanden Ortschaften aufgrund von Dammbrüchen, Überschwemmung oder kollektiver Auswanderung in Krisenzeiten. Ein solches Schicksal erlebte Rudelsheim, das südlich von Oppenheim am Rhein lag und mehrfach von schwerem Hochwasser zerstört worden war. Die Bewohner verließen die gefährliche Lage und gründeten 1822 auf einer östlich gelegenen Anhöhe ihr neues Zuhause, das sie zu Ehren ihres Landesherrn, Großherzog Ludwig I., Ludwigshöhe nannten. Ludwigshöhe ist somit die jüngste Gemeinde Rheinhessens. Andere Dörfer blieben bestehen, sie änderten einfach ihren Namen; auch hierfür gibt es mit dem kleinen Ort Blödesheim ein für Rheinhessen einmaliges Beispiel.

Alle Orte, die auf „-heim" enden, sind fränkischen Ursprungs und ab 500 n. Chr. entstanden. Der Name Blödesheim bedeutet Heim, Hof, Haus von Blado. Dieser war ein westfränkischer Adliger, der als Ortsgründer gilt. In früheren Zeiten sind folgende Namensvariationen belegt: Bletteneshelm (1070), Bledensheim (1348), Plödesheim (1427), Bledesheim (1497), Blödeßheim (1602) und schließlich Blödesheim (1613). Das älteste Gerichtssiegel stammt aus dem Jahr 1537, als Blödesheim zur Kurpfalz gehörte und vom Oberamt Alzey verwaltet wurde. Das Wappen im Siegel zeigt auf der oberen Hälfte einen rechts stehenden Löwen, die untere Hälfte enthält fünf Eichenblätter.

Einige Bewohner blickten selbstbewusst auf die jahrhundertealte Geschichte ihrer Heimat zurück, andere dagegen wollten den Hohn und Spott nicht länger ertragen. 1970, zur Zeit der umfassenden Verwaltungsreform, als Landkreise aufgelöst bzw. neu gebildet wurden, zahlreiche Orte ihre Selbstständigkeit verloren und eingemeindet wurden, initiierten die Gemeinderäte von Blödesheim eine Umbenennung. Die Tageszeitung „Alzeyer Anzeiger" meldete: „Die Blödesheimer wollen nicht länger gehänselt werden." Der damalige Bürgermeister wehrte sich zwar „aus Gründen der Tradition" gegen die Umbenennung, auch ein Gutachter des Staatsarchivs Speyer riet dazu, das „altererbte Namensgut zu wahren", und versicherte: „Der Name hat mit ‚blöd' gar nichts zu tun." Doch die Mehrheit der Einwohner stimmte für eine Umbenennung. Sie konnten zuvor eigene Vorschläge einbringen und sich dann zwischen „Bergborn" und „Hochborn" entscheiden. Von den 102 befragten Bürgern stimmten 73 für „Hochborn", nur fünf wollten den bisherigen Namen beibehalten. So heißt das ehemalige Blödesheim seit dem 1. März 1971 Hochborn, abgeleitet aus der Höhenlage des Ortes in Nähe des 295 Meter hohen Kloppbergs, der höchsten Erhebung im Landkreis Alzey-Worms. „Born" steht für „Brunnen" und weist auf eine wasserreiche Gegend, was auf

Nur noch selten trifft man auf den früheren Namen der rheinhessischen Gemeinde Hochborn, hier ein Grabstein auf dem Friedhof, der den alten Ortsnamen Blödesheim wiedergibt.

Hochborn zutrifft, im Gegensatz zum Umland. Vor allem die einheimischen Winzer waren für die Umbenennung dankbar, wollten doch auch sie ihre Weine unter einem klangvolleren Namen vermarkten als unter der Bezeichnung „Blödesheimer Gewächs".

Hochborn mit rund 430 Einwohnern ist eine der kleinsten Gemeinden Rheinhessens, dafür aber auch eine der höchstgelegenen Ortschaften der gesamten Region. Sichtbare Erinnerungen an den alten Namen muss man suchen, doch der aufmerksame Besucher findet ihn auf dem Gemeindefriedhof.

Und am südlichen Dorfrand fließt der Blödesheimer Bach, der seinen Namen behalten durfte.

54 Reisen statt Rasen
Die Autobahnen in Rheinhessen

Die Landschaft ist voller Kreuze: Kirchturmkreuze, Wegekreuze, Andreaskreuze – und sogar Autobahnkreuze gibt es in Rheinhessen. Die wichtigste Autobahn, die durch Rheinhessen verläuft und in etwa die westliche Grenze der Region auf einer Länge von 50 Kilometern markiert, ist die A 61.

Bereits in den 1950er-Jahren wurde diese insgesamt rund 320 Kilometer lange Strecke, die nördlich von Kaldenkirchen an der niederländischen Grenze beginnt und bis nach Hockenheim in Baden-Württemberg führt, geplant, und zwar als A 14. Der erste Abschnitt zwischen Stromberg und Bingen wurde 1968 eröffnet, die restlichen Strecken wurden etappenweise freigegeben. Nach dem Baubeginn bei Pfeddersheim im August 1972 und dem Richtfest im Juli 1974 wurde die gesamte Autobahn 1975 fertiggestellt; ein Jahr später erhielt sie die Bezeichnung A 61 (als A 14 wird seit 2006 die Autobahnstrecke von Wismar über Schwerin und Halle nach Leipzig bezeichnet). Kam man bislang auf der engen und viel befahrenen B 9 aus dem südlichen Rheinhessen über Mainz oder mit der Bahn nach Bonn, war der Weg in die Bundeshauptstadt nun innerhalb von zwei Stunden bequem zu bewältigen.

Am Sonntag, dem 9. März 1975, stand die 1,5 Kilometer lange Talbrücke bei Pfeddersheim als Fußgängerbrücke zur Verfügung. Die offizielle Freigabe des landschaftsprägenden Baus fand am 18. Dezember mit einer großen Feier statt. Im Januar 1977 ging die „Tankanlage Ost" bei Pfeddersheim in Betrieb, im März folgte die Eröffnung der „Tankanlage West" (heutige „Raststätte Wonnegau Ost/West"). Die A 61 durch das Rheinhessische Hügelland ist vierspurig ausgebaut und führt entlang folgender touristischer Ziele, die mittels Beschilderung an der Autobahn angezeigt sind: „Klosterkirche Pfaffen-Schwabenheim", „Wallfahrtskirche Armsheim", „Schloss Alzey", „Basilika Bechtheim", „Fleckenmauer Flörsheim-Dalsheim" sowie „Rheinhessen" und „Dom zu Worms".

Die zweite Autobahn, die als A 63 durch Rheinhessen führt, war bereits Mitte der 1920er-Jahre als Automobilstraße zwischen Frankfurt und Saarbrücken geplant, schon damals orientierte sich ihr Streckenverlauf an der unter Napoleon errichteten Kaiserstraße. Doch

auch dieser Bau erfolgte erst ab Mitte der 1970er-Jahre; die erste Teilstrecke von Mainz-Süd bis Nieder-Olm wurde 1976 in Betrieb genommen, aufgrund des hohen Verkehrsaufkommens ist sie inzwischen sechsspurig ausgebaut. Ab 1980 war die Autobahn bis Alzey fertig, die Freigabe der 1,2 Kilometer langen Talbrücke Weinheim/Alzey fand ein Jahr später statt, und erst seit 2004 ist die gesamte Autobahnstrecke bis Kaiserslautern befahrbar. Bei Alzey befindet sich das Autobahnkreuz, das die A 61 mit der A 63 verknüpft. Die Autobahn verbindet nicht nur die Großstädte Mainz und Kaiserslautern miteinander, sondern sie ist zugleich ein bedeutender Transportweg von Frankreich ins Rhein-Main-Gebiet, der vor allem auch von den amerikanischen Streitkräften genutzt wird, die einerseits in Ramstein, andererseits in Wiesbaden stationiert sind. Die Hinweisschilder der A 63 auf dem 35 Kilometer langen rheinhessischen Abschnitt lauten „Dom zu Mainz", „Katharinenkirche Oppenheim", „ehem. Wallfahrtskirche Armsheim" und „Rheinhessen".

Eine weitere Autobahn, die A 60, führt ebenfalls durch Rheinhessen. Sie beginnt am Autobahndreieck Nahetal an der A 61 zwischen Gensingen und Bingen und führt parallel zum Rhein zum Autobahndreieck Mainz. Bemerkenswert ist, dass sich die Ausfahrt Mainz-Hechtsheim-Ost in dem 2012 fertiggestellten Lärmschutztunnel befindet. Ursprünglich in den 1950/60er-Jahren als Neubau der B 9 zwischen Mainz, Ingelheim und Bingen gebaut, erhielt die Strecke Anfang der 70er-Jahre den Rang einer Autobahn, die Teil der Europastraße 42 ist und einst bis nach Belgien führen sollte; nur zwischen Wittlich und Steinebrück an der deutsch-belgischen Grenze besteht der zweite Abschnitt der A 60. Auf der 29 Kilometer langen rheinhessischen Strecke der A 60 stehen Hinweisschilder, die auf den „Dom zu Mainz" und die „Kaiserpfalz Ingelheim" aufmerksam machen.

Einerseits zerschneiden die Autobahnen eine gewachsene Landschaft, andererseits ist Rheinhessen heute ohne diese Fernverbindungen kaum denkbar. Sie dienen der Wirtschaft und dem Tourismus und führen schnell und problemlos zu den schönsten Sehenswürdigkeiten in der größten Weinanbauregion Deutschlands.

Blick auf die Autobahnbrücke der A 61 bei Pfeddersheim.

55 Ein weißer Zuckerhut
Der Trullo von Flonheim

Kehren wir nach dieser entdeckungsreichen Reise durch Rheinhessen nochmals an den Anfang zurück und widmen uns erneut der Rebenlandschaft. Typisch für dieses einmalige Weinanbaugebiet sind die zahlreichen spitzkuppligen Weinberghäuschen, hier Trulli genannt.

Diese kleinen Bauten dienten seit alters her als Unterstellmöglichkeit, etwa bei einem plötzlichen Unwetter, auch konnten Gerätschaften gelagert werden. Die weiß gestrichenen Gewölbebauten aus massiven Natursteinen mit winzigen Fenstern werden Trulli genannt, weil sie Mitte, Ende des 18. Jahrhunderts von süditalienischen Wanderarbeitern stammen sollen, die hier in den ehemaligen Steinbrüchen arbeiteten und die sie nach dem Vorbild der Häuser in ihrer Heimat Apulien errichteten. Ihre Bauweise mit den dicken Wänden bietet im Sommer Schutz vor der Hitze, im Winter dagegen speichert ein Trullo lange Zeit die Wärme.

Einer der schönsten dieser kleinen, dachlosen Trulli steht zwischen Flonheim und Uffhofen, in Nähe des im Tal gelegenen Weinguts „Geistermühle". Der gepflegte, von Rosenstöcken umgebene kegelartige Trullo leuchtet schon von Weitem wie ein weißer Zuckerhut zwischen den grünen Rebzeilen hervor; 1997 wurde er von der Weinbruderschaft Rheinhessen zum schönsten Weinberghäuschen des Jahres prämiert. Auf dem benachbarten Adelberg steht ein weiterer Trullo, dessen Erbauung, so die Inschrift, im Jahr 1756 liegt; er zählt damit zu den ältesten Bauten dieser Art.

Auch an anderen Orten Rheinhessens (und im benachbarten Bockenheim/nördliche Pfalz) stehen bemerkenswerte Weinberghäuschen, die sich in Form und Größe sehr unterscheiden, alle jedoch ein Wahrzeichen dieser idyllischen Landschaft sind. Dazu gehört auch die Miniaturburg „Leckzapfen" bei Osthofen. Die – im Vergleich zu den eher bescheidenen weißen Trulli – imposante Anlage mit Turm, 1891 im Auftrag des Guts- und Mühlenbesitzers Gustav Friedrich Weißheimer (1831–1904), Bruder des Musikers

Wendelin Weißheimer, errichtet, ähnelt dem romantischen Schloss Lichtenstein bei Reutlingen. 2011 wurde der „Leckzapfen“ als „schönstes Weinberghäuschen Rheinhessens“ prämiert. Individuell gestaltet ist ferner das Weinberghäuschen bei Mölsheim im südlichen Rheinhessen, das mit seiner kleinen Säulenvorhalle an ein römisches Bauwerk und damit an die Herkunft des Weinanbaus erinnert. Errichtet wurden die formschönen Weinberghäuschen im Auftrag der jeweiligen Winzer, gelegentlich auch von Mühlenbesitzern, die allein schon mit diesen besonderen Bauten ihren Wohlstand sichtbar ausdrücken wollten.

Rundwanderwege führen zu diesen in Deutschland einmaligen architektonischen Kostbarkeiten, die zum Verweilen einladen – bei einem Picknick kann man die Landschaft und den Wein genießen und sich glücklich schätzen, in einer der schönsten Regionen Deutschlands zu leben.

Eine letzte architektonische Besonderheit Rheinhessens sind die weißen Weinberghäuschen, Trulli genannt.

Der Autor
Jörg Koch

Jörg Koch ist promovierter Historiker, Oberstudienrat in Frankenthal, Stadtrat in Worms und Autor zahlreicher regionaler und überregionaler Bücher. Zuletzt von ihm erschienen sind „Dass Du nicht vergessest der Geschichte. Staatliche Gedenk- und Feiertage in Deutschland von 1871 bis heute“ (Darmstadt 2019), „Worms – das verschwundene Stadtbild“ (Erfurt 2019), „Die Pfalz. 55 Highlights aus der Geschichte“ (Erfurt 2020) und „Einigkeit und Recht und Freiheit. Die Geschichte der deutschen Nationalhymne“ (Stuttgart 2021).

Dank und Bildnachweis

Der Autor dankt allen Gesprächspartnern und Hinweisgebern (u.a. Bernd Braun, Thomas Eichfelder, Walter Eller, Thomas Graf, David Maier, Ulli Zimmer), die ihm bei seiner Tour durch Rheinhessen begegnet sind, und denen, die ihn dabei begleitet haben, den Bildgebern sowie dem Team des Sutton Verlags.

Boehringer Ingelheim Pharma GmbH & Co. KG: S. 85;
Eckes-Granini Group GmbH: S. 5 (rechts), 83;
FaberCourtial, © Stadt Worms (Dom und Bischofshof der Stadt Worms um 1521, 3D-Visualisierung): S. 4 (rechts), 19;
Harald Keuter: S. 5 (Mitte), 110/111;
Jörg Kraft: S. 45;
Georg Forster (S. 46) aus: Wilhelm Herse: Die Goethezeit in Deutschland, Hannover 1949, S. 84;
Shutterstock/PHammer: Einband vorne;
Wendelin Weißheimer (S. 93) aus: Wendelin Weißheimer: Erlebnisse mit Richard Wagner, Franz Liszt und vielen anderen Zeitgenossen, Stuttgart/Leipzig 1898, S. II;
Von Stefan Frerichs (Stefan (Diskussion) 21:36, 12. Nov. 2018 (CET)) - Eigenes WerkOriginaltext: selbst fotografiert, CC BY-SA 3.0 de, https://commons.wikimedia.org/w/index.php?curid=74386546: S. 90;
Archiv Jörg Koch: S. 4 (links), 5 (links), 17, 53, 75, 107;
Jörg Koch: alle übrigen.

Vorsatz: Bildstock von 1914, umgeben von Weinreben südöstlich von Heßloch.
S. 2/3: Das Weinberghäuschen „Leckzapfen" am nordwestlichen Ortsausgang von Osthofen.
Nachsatz: Herbststimmung im südlichen Rheinhessen, Blick auf die katholische Pfarrkirche St. Ägidius Mölsheim/Zellertal.

Impressum
Sutton Verlag GmbH
Arnstädter Straße 8
99096 Erfurt
www.suttonverlag.de

ISBN: 978-3-96303-270-7
Druck: Florjančič Tisk d.o.o. / Slowenien
Gestaltung und Herstellung: Sutton Verlag
Lektorat: Michael Raffel, Tübingen

Buchhinweise

Jörg Koch

Die Pfalz. 55 Highlights aus der Geschichte

Menschen, Orte und Ereignisse, die unsere Region bis heute prägen

19,99 € | ISBN: 978-3-96303-159-5

Jörg Koch

Worms. Das verschwundene Stadtbild

19,99 € | ISBN: 978-3-96303-147-2

Christoph Riedel

Auf Regionalstrecken durch Rheinland-Pfalz

Vom Westerwald zur Weinstraße

24,99 € | ISBN: 978-3-96303-171-7